CARTA ENCÍCLICA

DEUS CARITAS EST

DO SUMO PONTÍFICE BENTO XVI

AOS BISPOS, PRESBÍTEROS E DIÁCONOS,
ÀS PESSOAS CONSAGRADAS
E A TODOS OS FIÉIS LEIGOS

SOBRE O AMOR CRISTÃO

Paulinas

© Amministrazione del Patrimonio della Santa Sede Apostolica
© Dicastero por la Comunicazione - Libreria Editrice Vaticana, 2006.
Publicação autorizada pela © Conferência Nacional dos Bispos do Brasil

Direção-geral: *Flávia Reginatto*
Editora responsável: *Vera Ivanise Bombonatto*

11ª edição – 2011

7ª reimpressão – 2024

Nenhuma parte desta obra poderá ser reproduzida ou transmitida por qualquer forma e/ou quaisquer meios (eletrônico ou mecânico, incluindo fotocópia e gravação) ou arquivada em qualquer sistema ou banco de dados sem permissão escrita da Editora. Direitos reservados.

Cadastre-se e receba nossas informações
paulinas.com.br
Telemarketing e SAC: 0800-7010081

Paulinas

Rua Dona Inácia Uchoa, 62
04110-020 – São Paulo – SP (Brasil)
📞 (11) 2125-3500
✉ editora@paulinas.com.br

© Pia Sociedade Filhas de São Paulo – São Paulo, 2006

INTRODUÇÃO

1. "Deus é amor, e quem permanece no amor permanece em Deus e Deus nele" (1Jo 4,16). Essas palavras da 1 Carta de João exprimem, com singular clareza, o centro da fé cristã: a imagem cristã de Deus e também a conseqüente imagem do ser humano e do seu caminho. Além disso, no mesmo versículo, João oferece-nos, por assim dizer, uma fórmula sintética da existência cristã: "Nós conhecemos e cremos no amor que Deus nos tem."

Nós cremos no amor de Deus — desse modo, pode o cristão exprimir a opção fundamental da sua vida. Ao início do ser cristão, não há uma decisão ética ou uma grande idéia, mas o encontro com um acontecimento, com uma Pessoa que dá à vida um novo horizonte e, dessa forma, o rumo decisivo. No seu evangelho, João tinha expressado esse acontecimento com as palavras seguintes: "Deus amou de tal modo o mundo que lhe deu o seu Filho único para que todo o que nele crer [...] tenha a vida eterna" (3,16). Com a centralidade do amor, a fé cristã acolheu o núcleo da fé de Israel e, ao mesmo tempo, deu a esse núcleo uma nova profundidade e amplitude. O crente israelita, de fato, reza todos os dias com as palavras do livro do

Deuteronômio, nas quais sabe que está contido o centro da sua existência: "Escuta, ó Israel! O Senhor, nosso Deus, é o único Senhor! Amarás ao Senhor, teu Deus, com todo o teu coração, com toda a tua alma e com todas as tuas forças" (6,4-5). Jesus uniu — fazendo deles um único preceito — o mandamento do amor a Deus com o do amor ao próximo, contido no livro do Levítico: "Amarás o teu próximo como a ti mesmo" (19,18; cf. Mc 12,29-31). Dado que Deus foi o primeiro a amar-nos (cf. 1Jo 4,10), agora o amor já não é apenas um "mandamento", mas é a resposta ao dom do amor com que Deus vem ao nosso encontro.

Num mundo em que ao nome de Deus se associa, às vezes, a vingança ou mesmo o dever do ódio e da violência, essa é uma mensagem de grande atualidade e de significado muito concreto. Por isso, na minha primeira encíclica, desejo falar do amor com que Deus nos cumula e que deve ser comunicado aos outros por nós. Estão assim indicadas as duas grandes partes que compõem esta carta, profundamente conexas entre si. A primeira terá uma índole mais especulativa, pois desejo — ao início do meu pontificado — especificar nela alguns dados essenciais sobre o amor que Deus oferece de modo misterioso e gratuito ao ser humano, juntamente com o nexo intrínseco daquele amor com a realidade do amor humano. A segunda parte terá um caráter mais concreto, porque tratará da prática eclesial do mandamento do amor ao próximo. O argumento parece demasiado amplo; uma longa explanação, porém, não entra no objetivo da presente encíclica. O meu desejo é insistir sobre alguns elementos fundamentais, para, assim, suscitar no mundo um renovado dinamismo de empenhamento na resposta humana ao amor divino.

I Parte

A UNIDADE DO AMOR NA CRIAÇÃO E NA HISTÓRIA DA SALVAÇÃO

Um problema de linguagem

2. O amor de Deus por nós é questão fundamental para a vida e coloca questões decisivas sobre quem é Deus e quem somos nós. A tal propósito, o primeiro obstáculo que encontramos é um problema de linguagem. O termo "amor" tornou-se, hoje, uma das palavras mais usadas e mesmo abusadas, à qual associamos significados completamente diferentes. Embora o tema desta encíclica se concentre sobre a questão da compreensão e da prática do amor na Sagrada Escritura e na tradição da Igreja, não podemos prescindir pura e simplesmente do significado que esta palavra tem nas várias culturas e na linguagem atual.

Em primeiro lugar, recordemos o vasto campo semântico da palavra "amor": fala-se de amor à pátria, amor à profissão, amor entre amigos, amor ao trabalho, amor entre pais e filhos, entre irmãos e familiares, amor ao próximo e amor a Deus. Em toda essa gama de significados, porém, o amor entre o homem e a mulher, no qual concorrem indivisivelmente corpo e alma e se abre ao ser humano uma promessa de felicidade que parece irresistível, sobressai como arquétipo de amor por excelência, de tal modo que, comparados com ele, à primeira vista todos os demais tipos de amor se ofuscam. Surge, então, a questão: todas essas formas de amor, no fim das contas, unificam-se, sendo o amor, apesar de toda a diversidade das suas manifestações, em última instância, um só, ou, ao contrário, utilizamos uma mesma palavra para indicar realidades totalmente diferentes?

Eros e *agape* – Diferença e unidade

3. Ao amor entre homem e mulher, que não nasce da inteligência e da vontade, mas de certa forma impõe-se ao ser humano, a Grécia antiga deu o nome de *eros*. Diga-se, desde já, que o Antigo Testamento grego usa só duas vezes a palavra *eros*, enquanto o Novo Testamento nunca a usa: das três palavras gregas relacionadas com o amor — *eros*, *philia* (amor de amizade) e *agape* — os escritos neotestamentários privilegiam a última, que, na linguagem grega, era quase posta de lado. Quanto ao amor de amizade (*philia*), este é retomado com um significado mais profundo no evangelho de João para exprimir a relação entre Jesus e os seus discípulos. A

marginalização da palavra *eros*, juntamente com a nova visão do amor que se exprime através da palavra *agape*, denota, sem dúvida, na novidade do cristianismo, algo de essencial e próprio relativamente à compreensão do amor. Na crítica ao cristianismo que se foi desenvolvendo com radicalismo crescente a partir do Iluminismo, essa novidade foi avaliada de forma absolutamente negativa. Segundo Friedrich Nietzsche, o cristianismo teria dado veneno a beber ao *eros*, que, embora não tivesse morrido, daí teria recebido o impulso para degenerar em vício.[1] Esse filósofo alemão exprimia, assim, uma sensação muito generalizada: com os seus mandamentos e proibições, a Igreja não nos torna, porventura, amarga a coisa mais bela da vida? Porventura ela não assinala proibições precisamente onde a alegria, preparada para nós pelo Criador, nos oferece uma felicidade que nos faz pressentir algo do Divino?

4. Mas será mesmo assim? O cristianismo destruiu, verdadeiramente, o *eros*? Vejamos o mundo précristão. Os gregos — aliás de forma análoga a outras culturas — viram no *eros*, sobretudo, o inebriamento, a subjugação da razão por parte de uma "loucura divina" que arranca o ser humano das limitações da sua existência e, nesse estado de transtorno por uma força divina, faz-lhe experimentar a mais alta beatitude. Desse modo, todas as outras forças, quer no céu, quer

---

[1] Cf. *Jenseits von Gut und Böse*, IV, 168.

na terra, resultam de importância secundária: "*Omnia vincit amor* — o amor tudo vence", afirma Virgílio, nas *Bucólicas*, e acrescenta: "*et nos cedamus amori* — rendamo-nos também nós ao amor".[2] Nas religiões, essa posição traduziu-se nos cultos da fertilidade, aos quais pertence a prostituição "sagrada" que prosperava em muitos templos. O *eros* foi, pois, celebrado como força divina, como comunhão com o Divino.

A essa forma de religião, que contrasta, como uma fortíssima tentação, com a fé no único Deus, o Antigo Testamento opôs-se com a maior firmeza, combatendo-a como perversão da religiosidade. Ao fazê-lo, porém, não rejeitou, de modo algum, o *eros* enquanto tal, mas declarou guerra à sua subversão devastadora, porque a falsa divinização do *eros*, como aí se verifica, priva-o da sua dignidade, desumaniza-o. De fato, no templo, as prostitutas, que devem dar o inebriamento do Divino, não são tratadas como seres humanos e pessoas, mas servem apenas como instrumentos para suscitar a "loucura divina": na realidade, não são deusas, mas pessoas humanas de quem se abusa. Por isso o *eros* inebriante e descontrolado não é subida, "êxtase" até o Divino, mas queda, degradação do ser humano. Fica claro, assim, que o *eros* necessita de disciplina, de purificação, para dar ao ser humano não o prazer de um instante, mas

---

[2] X, 69.

uma certa amostra do vértice da existência, daquela beatitude para que tende todo o nosso ser.

5. Dois dados resultam, claramente, dessa rápida visão sobre a concepção do *eros* na história e na atualidade. O primeiro é que entre o amor e o Divino existe certa relação: o amor promete infinito, eternidade — uma realidade maior e totalmente diferente do dia-a-dia da nossa existência. E o segundo é que o caminho para tal meta não consiste em deixar-se simplesmente subjugar pelo instinto. São necessárias purificações e amadurecimentos, que passam também pela estrada da renúncia. Isso não é rejeição do *eros*, não é o seu "envenenamento", mas a cura em vista de sua verdadeira grandeza.

Isso depende, primariamente, da constituição do ser humano, que é composto de corpo e alma. O ser humano torna-se, realmente, ele mesmo, quando corpo e alma se encontram em íntima unidade; o desafio do *eros* pode considerar-se verdadeiramente superado, quando se consegue essa unificação. Se o ser humano aspira a ser somente espírito e quer rejeitar a carne como uma herança apenas animalesca, então espírito e corpo perdem a sua dignidade. E se ele, por outro lado, renega o espírito e, conseqüentemente, considera a matéria, o corpo, como realidade exclusiva, perde, igualmente, a sua grandeza. O epicurista Gassendi, gracejando, cumprimentava Descartes com a saudação: "Ó Alma!". E

Descartes replicava dizendo: "Ó Carne!".[3] Mas nem o espírito ama sozinho, nem o corpo: é o ser humano, a pessoa, que ama como criatura unitária, de que fazem parte o corpo e a alma. Somente quando ambos se fundem, verdadeiramente, numa unidade é que o ser humano se torna ele próprio plenamente. Só assim é que o amor — o *eros* — pode amadurecer até a sua verdadeira grandeza.

Hoje, não é raro ouvir censurar o cristianismo do passado por ter sido adversário da corporeidade; a realidade é que sempre houve tendências nesse sentido. Mas o modo de exaltar o corpo, a que assistimos hoje, é enganador. O *eros* degradado a puro "sexo" torna-se mercadoria, torna-se, simplesmente, uma "coisa" que se pode comprar e vender; antes, o próprio ser humano torna-se mercadoria. Na realidade, para o ser humano, isso não constitui, propriamente, uma grande afirmação do seu corpo. Pelo contrário, agora considera o corpo e a sexualidade como a parte meramente material de si mesmo a usar e explorar com proveito. Uma parte, aliás, que ele não vê como um âmbito da sua liberdade, mas, antes, como algo que, a seu modo, procura tornar agradável e inócuo simultaneamente. Na verdade, encontramo-nos diante de uma degradação do corpo humano, que deixa de estar integrado no conjunto da

---

[3] Cf. DESCARTES, R, *Œuvres*. Editado por V. Cousin. Paris, 1824. v. 12, pp. 95ss.

liberdade da nossa existência, deixa de ser expressão viva da totalidade do nosso ser, acabando como que relegado ao campo puramente biológico. A aparente exaltação do corpo pode, bem depressa, converter-se em ódio à corporeidade. Ao contrário, a fé cristã sempre considerou o ser humano como um ser unidual, em que espírito e matéria se compenetram mutuamente, experimentando ambos, precisamente dessa forma, uma nova nobreza. Sim, o *eros* quer nos elevar "em êxtase" para o Divino, conduzir-nos para além de nós próprios, mas por isso mesmo requer um caminho de ascese, renúncias, purificações e saneamentos.

6. Concretamente, como se deve configurar tal caminho de ascese e purificação? Como deve ser vivido o amor para que se realize, plenamente, a sua promessa humana e divina? Uma primeira indicação importante podemos encontrar no Cântico dos Cânticos, um dos livros do Antigo Testamento bem conhecido dos místicos. Segundo a interpretação hoje predominante, as poesias contidas nesse livro são, originalmente, cânticos de amor, talvez previstos para uma festa israelita de núpcias, na qual deviam exaltar o amor conjugal. Nesse contexto, é muito elucidativo o fato de, ao longo do livro, serem encontradas duas palavras distintas para designar o "amor". Primeiro, aparece a palavra *dodim*, um plural que exprime o amor ainda inseguro, numa situação de procura indeterminada. Depois, essa

palavra é substituída por *ahabà*, que, na versão grega do Antigo Testamento, é traduzida pelo termo, de som semelhante, *agape*, que se tornou, como vimos, o termo característico para a concepção bíblica do amor. Em contraposição ao amor indeterminado e ainda em fase de procura, esse vocábulo exprime a experiência do amor que agora se torna, verdadeiramente, descoberta do outro, superando, assim, o caráter egoísta que antes, claramente, prevalecia. Agora, o amor torna-se cuidado do outro e pelo outro. Já não se busca a si próprio, não se busca a imersão no inebriamento da felicidade; procura-se, ao invés, o bem do amado: torna-se renúncia, está-se disposto ao sacrifício, e até o procura.

Faz parte da evolução do amor para níveis mais altos, para as suas íntimas purificações, que ele procure, agora, o caráter definitivo, e isso num duplo sentido: no sentido da exclusividade — "apenas esta única pessoa" — e no sentido de ser "para sempre". O amor compreende a totalidade da existência em toda a sua dimensão, inclusive a temporal. Nem poderia ser de outro modo, porque a sua promessa visa ao definitivo: o amor visa à eternidade. Sim, o amor é "êxtase"; êxtase, não no sentido de um instante de inebriamento, mas como caminho, como êxodo permanente do eu fechado em si mesmo para a sua libertação no dom de si e, precisamente dessa forma, para o reencontro de si mesmo, e mais ainda, para a descoberta de Deus: "Quem procurar salvaguardar a vida, perdê-la-á, e quem a perder, conservá-la-á" (Lc 17,33) — disse Jesus; afirmação que se encontra nos evangelhos com diversas variantes (cf. Mt 10,39; 16,25; Mc 8,35; Lc 9,24; Jo 12,25). Assim descreve Jesus o seu caminho pessoal, que o conduz, através da cruz, à ressurreição: o caminho do grão de trigo que cai na terra e morre e, desse modo, dá muito fruto. Partindo do centro do seu sacrifício pessoal e do amor que aí alcança a sua plenitude, ele, com tais palavras, descreve, também, a essência do amor e da existência humana em geral.

7. Inicialmente mais filosóficas, as nossas reflexões sobre a essência do amor conduziram-nos agora, pela sua dinâmica interior, à fé bíblica. A princípio, colocou-se o problema de saber se os vários — ou melhor, opostos —, significados da palavra amor subentenderiam, no fundo, uma certa unidade entre eles ou se deveriam ficar desligados, um ao lado do outro. Mas, acima de tudo, surgiu a seguinte questão: se a mensagem sobre o amor, que nos é anunciada pela Bíblia e pela tradição da Igreja, teria algo a ver com a experiência humana comum do amor ou se, ao contrário, se opusesse a ela. A esse respeito, fomos dar com duas palavras fundamentais: *eros*, como termo para significar o amor "mundano", e *agape*, como expressão do amor fundado sobre a fé e por ela plasmado. As duas concepções aparecem, freqüentemente, contrapostas

como amor "ascendente" e amor "descendente". Existem outras classificações afins, como, por exemplo, a distinção entre amor possessivo e amor oblativo (*amor concupiscentiæ* – *amor benevolentiæ*), à qual, às vezes, se acrescenta, ainda, o amor que procura o próprio interesse.

No debate filosófico e teológico, essas distinções foram, muitas vezes, radicalizadas até o ponto de serem colocadas em contraposição: tipicamente cristão seria o amor descendente, oblativo, ou seja, a *agape*; ao invés, a cultura não-cristã, especialmente a grega, caracterizar-se-ia pelo amor ascendente, ambicioso e possessivo, ou seja, pelo *eros*. Se se quisesse levar ao extremo essa antítese, a essência do cristianismo terminaria desarticulada das relações básicas e vitais da existência humana e constituiria um mundo independente, considerado admirável talvez, mas decididamente separado do conjunto da existência humana. Na realidade, *eros* e *agape* — amor ascendente e amor descendente — nunca se deixam separar completamente um do outro. Quanto mais os dois encontrarem a justa unidade, embora em distintas dimensões, na única realidade do amor, tanto mais se realiza a verdadeira natureza do amor em geral. Embora o *eros* seja, inicialmente, sobretudo ambicioso, ascendente — fascinação pela grande promessa de felicidade —, depois, à medida que se aproxima do outro, far-se-á cada vez menos perguntas sobre si próprio, procurará sempre mais a felicidade do outro, preocupar-se-á cada vez mais com ele, doar-se-á e desejará "existir para" o outro. Assim se insere nele o momento da *agape*; caso contrário, o *eros* decai e perde mesmo a sua própria natureza. Por outro lado, o ser humano também não pode viver, exclusivamente, no amor oblativo, descendente. Não pode limitar-se sempre a dar, deve também receber. Quem quer dar amor, deve ele mesmo recebê-lo em dom. Certamente, o ser humano pode — como nos diz o Senhor — tornar-se uma fonte de onde correm rios de água viva (cf. Jo 7,37-38); mas, para tornar-se semelhante fonte, deve ele mesmo beber, incessantemente, da fonte primeira e originária que é Jesus Cristo, de cujo coração trespassado brota o amor de Deus (cf. Jo 19,34).

Os Padres viram simbolizada, de várias maneiras, na narração da escada de Jacó, essa conexão indivisível entre subida e descida, entre o *eros* que procura Deus e a *agape* que transmite o dom recebido. Naquele texto bíblico, conta-se que o patriarca Jacó, num sonho, viu, sobre a pedra que lhe servia de travesseiro, uma escada que chegava até o céu, pela qual subiam e desciam os anjos de Deus (cf. Gn 28,12; Jo 1,51). Particularmente interessante é a interpretação que dá o papa Gregório Magno dessa visão, na sua *Regra pastoral*. O bom pastor — diz ele — deve estar radicado na contemplação. De fato, só assim lhe será possível acolher, de tal modo, no seu íntimo, as necessidades dos outros, que essas se tornem suas: "Per pietatis viscera in se infirmitatem cæterorum transferat".[4] Nesse contexto, são Gregório alude a são Paulo, que foi arrebatado para as alturas, até os maiores mistérios de Deus, e, precisamente dessa forma, quando desce, é capaz de fazer-se tudo para todos (cf. 2Cor 12,2-4; 1Cor 9,22). Além disso, indica o exemplo de Moisés, que, repetidamente, entra na tenda sagrada, permanecendo em diálogo com Deus para poder, assim, a partir de Deus, estar à disposição do seu povo. "Dentro [da tenda], arrebatado até as alturas mediante a contemplação; fora [da tenda], deixa-se encalçar pelo peso dos que sofrem: 'Intus in contemplationem rapitur, foris infirmantium negotiis urgetur'".[5]

8. Encontramos, assim, uma primeira resposta, ainda bastante genérica, para as duas questões antes expostas: no fundo, o "amor" é uma única realidade, embora com distintas dimensões; caso a caso, pode uma ou outra dimensão sobressair mais. Mas, quando as duas dimensões se separam completamente uma da outra, surge uma caricatura ou, de qualquer modo, uma forma redutiva do amor. E vimos, sinteticamente, também, que a fé bíblica não constrói um mundo paralelo ou um mundo contraposto àquele fenômeno humano

---

[4] II, 5: *SCh* 381, 196.
[5] Ibidem, 198.

originário que é o amor, mas aceita o ser humano, por inteiro, intervindo na sua busca de amor para purificá-la, desvendando-lhe, ao mesmo tempo, novas dimensões. Essa novidade da fé bíblica manifesta-se, sobretudo, em dois pontos que merecem ser sublinhados: a imagem de Deus e a imagem do ser humano.

A novidade da fé bíblica

9. Antes de mais nada, temos a nova imagem de Deus. Nas culturas que circundam o mundo da Bíblia, a imagem de Deus e dos deuses permanece, tudo somado, pouco clara e, em si mesma, contraditória. No itinerário da fé bíblica, ao invés, vai-se tornando cada vez mais claro e unívoco aquilo que a oração fundamental de Israel, o *Sh^ema*, resume nestas palavras: "Escuta, ó Israel! O Senhor, nosso Deus, é o único Senhor!" (Dt 6,4). Existe um único Deus, que é o Criador do céu e da terra, e por isso é também o Deus de todos os seres humanos. Dois fatos singularizam-se nesse esclarecimento: que verdadeiramente todos os outros deuses não são Deus e que toda a realidade onde vivemos se deve a Deus, é criada por ele. Certamente, a idéia de uma criação existe também alhures, mas só aqui aparece perfeitamente claro que não um deus qualquer, mas o único Deus verdadeiro, ele mesmo é o autor de toda a realidade; esta provém da força da sua palavra criadora. Isso significa que essa sua criatura é-lhe que-

rida, precisamente porque foi desejada por ele mesmo, foi "feita" por ele. Assim, aparece, agora, o segundo elemento importante: Deus ama o ser humano. A força divina que Aristóteles, no auge da filosofia grega, procurou individuar mediante a reflexão é, certamente, para cada ser objeto do desejo e do amor — como realidade amada esta divindade move o mundo[6] —, mas ela mesma não necessita de nada e não ama, é amada somente. Ao contrário, o único Deus em que Israel crê ama pessoalmente. Além disso, o seu amor é um amor de eleição: entre todos os povos, ele escolhe Israel e ama-o — mas com a finalidade de curar, precisamente assim, a humanidade inteira. Ele ama, e esse seu amor pode ser qualificado, sem dúvida, como *eros*, que, no entanto, é totalmente *agape* também.[7]

Sobretudo os profetas Oséias e Ezequiel descreveram essa paixão de Deus pelo seu povo, com arrojadas imagens eróticas. A relação de Deus com Israel é ilustrada através das metáforas do noivado e do matrimônio; conseqüentemente, a idolatria é adultério e prostituição. Assim, alude-se, concretamente — como vimos —, aos cultos da fertilidade, com o seu abuso do *eros*, mas, ao mesmo tempo, é descrita, também, a relação de fidelidade entre Israel e o seu

---

[6] Cf. *Metafísica*, XII, 7.

[7] Cf. Pseudo-Dionísio Areopagita, que, no seu tratado *Sobre os nomes divinos*, IV, 12-14: *PG* 3, 709-713, chama Deus, ao mesmo tempo, de *eros* e *agape*.

Deus. A história de amor de Deus com Israel consiste, na sua profundidade, no fato de que ele dá a Torá, isto é, abre os olhos a Israel sobre a verdadeira natureza do ser humano e indica-lhe a estrada do verdadeiro humanismo. Por seu lado, o ser humano, vivendo na fidelidade ao único Deus, sente-se a si próprio como aquele que é amado por Deus e descobre a alegria na verdade, na justiça — a alegria em Deus, que se torna a sua felicidade essencial: "Quem terei eu nos céus? Além de vós, nada mais anseio sobre a terra [...]. O meu bem é estar perto de Deus" (Sl 73(72),25.28).

10. O *eros* de Deus pelo ser humano — como dissemos — é, ao mesmo tempo, totalmente *agape*. E não só porque é dado de maneira totalmente gratuita, sem mérito algum precedente, mas também porque é amor que perdoa. Sobretudo Oséias mostra-nos a dimensão da *agape* no amor de Deus pelo ser humano, que supera largamente o aspecto da gratuidade. Israel cometeu "adultério", rompeu a aliança; Deus deveria julgá-lo e repudiá-lo. Mas precisamente aqui se revela que Deus é Deus, e não ser humano: "Como te abandonarei, ó Efraim? Entregar-te-ei, ó Israel? O meu coração dá voltas dentro de mim, comove-se a minha compaixão. Não desafogarei o furor da minha cólera, não destruirei Efraim; porque sou Deus e não um ser humano, sou santo no meio de ti" (Os 11,8-9). O amor apaixonado de Deus pelo seu povo — pelo ser humano — é, ao mesmo

tempo, um amor que perdoa. E é tão grande que chega a virar Deus contra si próprio, o seu amor contra a sua justiça. Nisso, o cristão já vê esboçar-se, veladamente, o mistério da cruz: Deus ama tanto o ser humano que, tendo-se feito, ele próprio, homem, segue-o até a morte e, desse modo, reconcilia justiça e amor.

O aspecto filosófico e histórico-religioso saliente nessa visão da Bíblia é o fato de, por um lado, encontrarmo-nos diante de uma imagem estritamente metafísica de Deus: Deus é, absolutamente, a fonte originária de todo o ser; mas este princípio criador de todas as coisas — o *Logos*, a razão primordial — é, ao mesmo tempo, um amante com toda a paixão de um verdadeiro amor. Assim, o *eros* é enobrecido ao máximo, mas, simultaneamente, tão purificado, que se funde com a *agape*. Por isso podemos compreender por que a recepção do Cântico dos Cânticos no cânone da Sagrada Escritura tenha sido bem cedo explicada no sentido de que aqueles cânticos de amor, no fundo, descreviam a relação de Deus com o ser humano e do ser humano com Deus. Assim, o referido livro tornou-se, tanto na literatura cristã como na judaica, uma fonte de conhecimento e de experiência mística em que se exprime a essência da fé bíblica: na verdade, existe uma unificação do ser humano com Deus — o sonho originário do ser humano —, mas essa unificação não é confundir-se, um afundar no oceano anônimo do Divino; é unidade que cria amor, na qual ambos — Deus e o ser humano — permanecem eles mesmos, mas tornando-se, plenamente, uma coisa só: "Aquele, porém, que se une ao Senhor constitui, com ele, um só espírito" — diz são Paulo (1Cor 6,17).

11. Como vimos, a primeira novidade da fé bíblica consiste na imagem de Deus; a segunda, essencialmente ligada a ela, encontramo-la na imagem do ser humano. A narração bíblica da criação fala da solidão do primeiro homem, Adão, querendo Deus pôr a seu lado um auxílio. Dentre todas as criaturas, nenhuma pôde ser, para o homem, aquela ajuda de que necessita, apesar de ter dado um nome a todos os animais selvagens e a todas as aves, integrando-os, assim, no contexto da sua vida. Então, de uma costela do homem, Deus plasma a mulher. Agora, Adão encontra a ajuda de que necessita: "Esta é, realmente, osso dos meus ossos e carne da minha carne" (Gn 2,23). Na base dessa narração, é possível entrever concepções semelhantes às que aparecem, por exemplo, no mito referido por Platão, segundo o qual o ser humano, originariamente, era esférico, porque completo em si mesmo e auto-suficiente. Mas, como punição pela sua soberba, foi dividido ao meio por Zeus, de tal modo que, agora, sempre anseia pela outra sua metade e caminha para ela a fim de reencontrar a sua globalidade.[8] Na narração bíblica, não se fala de punição; porém a idéia de que o ser humano, de algum

---

[8] Cf. *O banquete*, XIV-XV, 189c-192d.

modo, esteja incompleto, constitutivamente a caminho a fim de encontrar, no outro, a parte que falta para a sua totalidade, isto é, a idéia de que só na comunhão com o outro sexo possa tornar-se "completo", está, sem dúvida, presente. E, desse modo, a narração bíblica conclui com uma profecia sobre Adão: "Por esse motivo, o homem deixará o pai e a mãe para se unir à sua mulher; e os dois serão uma só carne" (Gn 2,24).

Aqui, há dois aspectos importantes: primeiro, o *eros* está, de certo modo, enraizado na própria natureza do ser humano; Adão anda à procura e "deixa o pai e a mãe" para encontrar a mulher; só no seu conjunto é que representam a totalidade humana, tornam-se "uma só carne". Não menos importante é o segundo aspecto: numa orientação baseada na criação, o *eros* impele o ser humano ao matrimônio, a uma ligação caracterizada pela unicidade e para sempre; desse modo, e somente assim, é que se realiza a sua finalidade íntima. À imagem do Deus monoteísta corresponde o matrimônio monogâmico. O matrimônio baseado num amor exclusivo e definitivo torna-se o ícone do relacionamento de Deus com o seu povo e, vice-versa, o modo de Deus amar torna-se a medida do amor humano. Essa estreita ligação entre *eros* e matrimônio, na Bíblia, quase não encontra paralelos literários fora da mesma.

Jesus Cristo – O amor encarnado de Deus

12. Apesar de termos falado, até agora, prevalentemente, do Antigo Testamento, já se deixou clara a íntima compenetração dos dois testamentos como única Escritura da fé cristã. A verdadeira novidade do Novo Testamento não reside em novas idéias, mas na própria figura de Cristo, que dá carne e sangue aos conceitos — um incrível realismo. Já no Antigo Testamento, a novidade bíblica não consistia, simplesmente, em noções abstratas, mas na ação imprevisível e, de certa forma, inaudita de Deus. Essa ação de Deus ganha, agora, a sua forma dramática devido ao fato de que, em Jesus Cristo, o próprio Deus vai atrás da "ovelha perdida", a humanidade sofredora e transviada. Quando Jesus fala, nas suas parábolas, do pastor que vai atrás da ovelha perdida, da mulher que procura a dracma, do pai que sai ao encontro do filho pródigo e o abraça, não se trata, apenas, de palavras, mas constituem a explicação do seu próprio ser e agir. Na sua morte de cruz, cumpre-se aquele virar-se de Deus contra si próprio, com o qual ele se entrega para levantar o ser humano e salvá-lo — o amor na sua forma mais radical. O olhar fixo no lado trespassado de Cristo, de que fala João (cf. 19,37), compreende o que serviu de ponto de partida a esta carta encíclica: "Deus é amor" (1Jo 4,8). É lá que tal verdade pode ser contemplada. E começando de lá, pretende-se, agora, definir em que consiste o amor. A

partir daquele olhar, o cristão encontra o caminho do seu viver e amar.

13. Jesus deu a este ato de oferta uma presença duradoura através da instituição da eucaristia durante a última ceia. Antecipa a sua morte e ressurreição entregando-se já naquela hora aos seus discípulos, no pão e no vinho, a si próprio, ao seu corpo e sangue, como novo maná (cf. Jo 6,31-33). Se o mundo antigo tinha sonhado que, no fundo, o verdadeiro alimento do ser humano — aquilo de que este vive enquanto ser humano — era o *Logos*, a sabedoria eterna, agora esse *Logos* tornou-se, verdadeiramente, alimento para nós — como amor. A eucaristia arrasta-nos no ato oblativo de Jesus. Não é só de modo estático que recebemos o *Logos* encarnado, mas ficamos envolvidos na dinâmica da sua doação. A imagem do matrimônio entre Deus e Israel torna-se realidade de um modo anteriormente inconcebível: o que era um estar na presença de Deus torna-se, agora, através da participação na doação de Jesus, comunhão no seu corpo e sangue, torna-se união. A "mística" do sacramento, que se funda no abaixamento de Deus até nós, é de um alcance muito diverso e conduz muito mais alto do que qualquer mística elevação do ser humano poderia realizar.

14. Temos, agora, de prestar atenção a outro aspecto: a "mística" do sacramento tem um caráter social, porque, na comunhão sacramental, eu fico unido ao

Senhor como todos os demais comungantes: "Uma vez que há um só pão, nós, embora sendo muitos, formamos um só corpo, porque todos participamos do mesmo pão" — diz são Paulo (1Cor 10,17). A união com Cristo é, ao mesmo tempo, união com todos os outros, aos quais ele se entrega. Eu não posso ter Cristo só para mim; posso pertencer-lhe somente unido a todos aqueles que se tornaram ou se tornarão seus. A comunhão tira-me para fora de mim mesmo projetando-me para ele e, desse modo, também para a união com todos os cristãos. Tornamo-nos "um só corpo", fundidos todos numa única existência. O amor a Deus e o amor ao próximo estão, agora, verdadeiramente juntos: o Deus encarnado atrai-nos todos a si. Assim se compreende por que o termo *agape* se tenha tornado, também, um nome da eucaristia: nesta, a *agape* de Deus vem corporalmente a nós, para continuar a sua ação em nós e através de nós. Só a partir dessa fundamentação cristológico-sacramental é que se pode entender, corretamente, o ensinamento de Jesus sobre o amor. A passagem que ele faz realizar da lei e dos profetas ao duplo mandamento do amor a Deus e ao próximo, a derivação de toda a vida de fé da centralidade desse preceito não é uma simples moral que possa, depois, subsistir, autonomamente, ao lado da fé em Cristo e da sua *re*-atualização no sacramento: fé, culto e *ethos* compenetram-se, mutuamente, como uma única realidade que se configura no encontro com a *agape* de Deus. Aqui, a habitual contraposição entre culto e ética desaparece simplesmente. No próprio "culto", na comunhão eucarística, está contido o ser amado e o amar, por sua vez, os outros. Uma eucaristia que não se traduza em amor concretamente vivido é, em si mesma, fragmentária. Por outro lado — como adiante havemos de considerar de modo mais detalhado —, o "mandamento" do amor só se torna possível porque não é mera exigência: o amor pode ser "mandado", porque, antes, nos é dado.

15. É a partir desse princípio que devem ser entendidas, também, as grandes parábolas de Jesus. O rico avarento (cf. Lc 16,19-31) implora, do lugar do suplício, que os seus irmãos sejam informados sobre o que acontece a quem levianamente ignorou o pobre que passava necessidade. Jesus recolhe, por assim dizer, aquele grito de socorro e repete-o para acautelar-nos e reconduzir ao bom caminho. A parábola do bom samaritano (cf. Lc 10,25-37) leva a dois esclarecimentos importantes. Enquanto o conceito de "próximo", até então, se referia, essencialmente, aos concidadãos e aos estrangeiros que se tinham estabelecido na terra de Israel, ou seja, à comunidade solidária de um país e de um povo, agora esse limite é abolido. Qualquer um que necessite de mim e eu possa ajudá-lo, é o meu próximo. O conceito de próximo fica universalizado, sem deixar, todavia, de ser concreto. Apesar da sua extensão a todos os seres humanos, não se reduz à ex-

pressão de um amor genérico e abstrato, em si mesmo pouco comprometedor, mas requer o meu empenho prático aqui e agora. Continua a ser tarefa da Igreja interpretar, sempre de novo, esta ligação entre distante e próximo na vida prática dos seus membros. É preciso, enfim, recordar, de modo particular, a grande parábola do juízo final (cf. Mt 25,31-46), em que o amor se torna o critério para a decisão definitiva sobre o valor ou a inutilidade de uma vida humana. Jesus identifica-se com os necessitados: famintos, sedentos, forasteiros, nus, enfermos, encarcerados. "Sempre que fizestes isto a um destes meus irmãos mais pequeninos, a mim mesmo o fizestes" (Mt 25,40). Amor a Deus e amor ao próximo fundem-se num todo: no mais pequenino, encontramos o próprio Jesus e, em Jesus, encontramos Deus.

Amor a Deus e amor ao próximo

16. Depois de termos refletido sobre a essência do amor e o seu significado na fé bíblica, resta uma dupla pergunta a propósito do nosso comportamento. A primeira: é realmente possível amar a Deus mesmo sem o ver? E a outra: o amor pode ser mandado? Contra o duplo mandamento do amor, existe uma dupla objeção que se faz sentir nestas perguntas: ninguém jamais viu a Deus — como poderemos amá-lo? Mais: o amor não pode ser mandado; é, em definitivo, um sentimento que pode existir ou não, mas não pode ser criado pela

vontade. A Escritura parece dar o seu aval à primeira objeção, quando afirma: "Se alguém disser: 'Eu amo a Deus', mas odiar a seu irmão, é mentiroso, pois quem não ama a seu irmão, ao qual vê, como pode amar a Deus, que não vê?" (1Jo 4,20). Esse texto, porém, não exclui, de modo algum, o amor de Deus como algo impossível; ao contrário, em todo o contexto da 1 Carta de João agora citada, tal amor é explicitamente requerido. Nela se destaca o nexo indivisível entre o amor a Deus e o amor ao próximo: um exige tão estreitamente o outro que a afirmação do amor a Deus se torna uma mentira, se o ser humano se fechar ao próximo ou, mesmo, o odiar. O citado versículo joanino deve, antes, ser interpretado no sentido de que o amor ao próximo é uma estrada para encontrar também a Deus, e que o fechar os olhos diante do próximo torna-os cegos também diante de Deus.

17. Com efeito, ninguém jamais viu a Deus tal como ele é em si mesmo. E, contudo, Deus não nos é totalmente invisível, não se deixou ficar, pura e simplesmente, inacessível a nós. Deus amou-nos primeiro — diz a carta de João citada (cf. 4,10) — e esse amor de Deus apareceu no meio de nós, fez-se visível quando ele "enviou o seu Filho unigênito ao mundo, para que, por ele, vivamos" (1Jo 4,9). Deus fez-se visível: em Jesus, podemos ver o Pai (cf. Jo 14,9). Existe, com efeito, uma múltipla visibilidade de Deus. Na história

de amor que a Bíblia nos narra, ele vem ao nosso encontro, procura conquistar-nos — até a última ceia, até o coração trespassado na cruz, até as aparições do Ressuscitado e as grandes obras pelas quais ele, através da ação dos apóstolos, guiou o caminho da Igreja nascente. Também na sucessiva história da Igreja, o Senhor não esteve ausente: incessantemente vem ao nosso encontro, através de seres humanos nos quais ele se revela; através da sua palavra, nos sacramentos, especialmente na eucaristia. Na liturgia da Igreja, na sua oração, na comunidade viva dos crentes, nós experimentamos o amor de Deus, sentimos a sua presença e aprendemos, assim, a reconhecê-la na nossa vida quotidiana também. Ele nos amou primeiro, e continua a ser o primeiro a amar-nos; por isso também nós podemos responder com o amor. Deus não nos ordena um sentimento que não possamos suscitar em nós próprios. Ele nos ama, faz-nos ver e experimentar o seu amor, e dessa "antecipação" de Deus pode, como resposta, despontar, também em nós, o amor.

No desenrolar desse encontro, revela-se, com clareza, que o amor não é um sentimento apenas. Os sentimentos vão e vêm. O sentimento pode ser uma maravilhosa centelha inicial, mas não é a totalidade do amor. No início, falamos do processo das purificações e amadurecimentos, pelos quais o *eros* se torna plenamente ele mesmo, se torna amor no significado cabal da palavra. É próprio da maturidade do amor abranger todas as potencialidades do ser humano e incluir, por assim dizer, o ser humano na sua totalidade. O encontro com as manifestações visíveis do amor de Deus pode suscitar em nós o sentimento da alegria, que nasce da experiência de ser amados. Tal encontro, porém, chama em causa também a nossa vontade e o nosso intelecto. O reconhecimento do Deus vivo é um caminho para o amor, e o sim da nossa vontade à dele une intelecto, vontade e sentimento no ato globalizante do amor. Mas isso é um processo que permanece continuamente a caminho: o amor nunca está "concluído" e completado; transforma-se ao longo da vida, amadurece e, por isso mesmo, permanece fiel a si próprio. *Idem velle atque idem nolle*[9] — querer a mesma coisa e rejeitar a mesma coisa é, segundo os antigos, o autêntico conteúdo do amor: um tornar-se semelhante ao outro que leva à união do querer e do pensar. A história do amor entre Deus e o ser humano consiste, precisamente, no fato de que essa comunhão de vontade cresce em comunhão de pensamento e de sentimento e, assim, o nosso querer e a vontade de Deus coincidem cada vez mais: a vontade de Deus deixa de ser, para mim, uma vontade estranha que me impõe de fora os mandamentos, mas é a minha própria vontade, baseada na experiência de que realmente Deus é mais íntimo a mim mesmo de quanto o

---

[9] Salústio. *De coniuratione Catilinæ*, XX, 4.

seja eu próprio.[10] Cresce, então, o abandono em Deus, e Deus torna-se a nossa alegria (cf. Sl 73(72),23-28).

18. Revela-se, assim, como possível, o amor ao próximo no sentido enunciado por Jesus na Bíblia. Consiste, precisamente, no fato de que eu amo, em Deus e com Deus, a pessoa que não me agrada ou que nem conheço sequer. Isso só é possível realizar-se a partir do encontro íntimo com Deus, um encontro que se tornou comunhão de vontade, chegando mesmo a tocar o sentimento. Então, aprendo a ver aquela pessoa já não somente com os meus olhos e sentimentos, mas segundo a perspectiva de Jesus Cristo. O seu amigo é meu amigo. Para além do aspecto exterior do outro, dou-me conta da sua expectativa interior de um gesto de amor, de atenção, que eu não lhe faço chegar somente através das organizações que disso se ocupam, aceitando-o, talvez, por necessidade política. Eu vejo com os olhos de Cristo e posso dar ao outro muito mais do que as coisas externamente necessárias: posso dar-lhe o olhar de amor de que ele precisa. Aqui se vê a interação que é necessária entre o amor a Deus e o amor ao próximo, de que fala com tanta insistência a 1 Carta de João. Se na minha vida falta, totalmente, o contato com Deus, posso ver no outro, sempre e apenas, o outro e não consigo reconhecer nele a imagem divina. Mas, se na minha vida negligencio completamente a atenção ao outro,

---

[10] Cf. SANTO AGOSTINHO. *Confissões*, III, 6, 11: *CCL* 27, 32.

importando-me apenas com ser "piedoso" e cumprir os meus "deveres religiosos", então definha também a relação com Deus. Nesse caso, trata-se de uma relação "correta", mas sem amor. Só a minha disponibilidade para ir ao encontro do próximo e demonstrar-lhe amor é que me torna sensível também diante de Deus. Só o serviço ao próximo é que abre os meus olhos para aquilo que Deus faz por mim e para o modo como ele me ama. Os santos — pensemos, por exemplo, na beata Teresa de Calcutá — hauriram a sua capacidade de amar o próximo, de modo sempre renovado, do seu encontro com o Senhor eucarístico e, vice-versa, esse encontro ganhou realismo e profundidade precisamente no serviço deles aos outros. Amor a Deus e amor ao próximo são inseparáveis, constituem um único mandamento. Mas ambos vivem do amor preveniente com que Deus nos amou primeiro. Desse modo, já não se trata de um "mandamento" que do exterior nos impõe o impossível, mas de uma experiência do amor proporcionada do interior, um amor que, por sua natureza, deve ser ulteriormente comunicado aos outros. O amor cresce através do amor. O amor é "divino", porque vem de Deus e nos une a Deus, e, através deste processo unificador, transforma-nos em um nós, que supera as nossas divisões e nos faz ser um só, até que, no fim, Deus seja "tudo em todos" (1Cor 15,28).

II Parte

CARITAS
A PRÁTICA DO AMOR PELA IGREJA ENQUANTO "COMUNIDADE DE AMOR"

A caridade da Igreja como manifestação do amor trinitário

19. "Se vês a caridade, vês a Trindade" — escrevia santo Agostinho.[11] Ao longo das reflexões anteriores, pudemos fixar o nosso olhar no Trespassado (cf. Jo 19,37; Zc 12,10), reconhecendo o desígnio do Pai, que, movido pelo amor (cf. Jo 3,16), enviou o Filho unigênito ao mundo para redimir o ser humano. Quando morreu na cruz, Jesus — como indica o evangelista — "entregou o Espírito" (cf. Jo 19,30), prelúdio daquele dom do Espírito Santo que ele havia de realizar depois da ressurreição (cf. Jo 20,22). Desse modo, atuar-se-ia a promessa dos "rios de água viva" que, graças à efusão do Espírito, haviam de emanar do coração dos crentes (cf. Jo 7,38-39). De fato, o Espírito é aquela força in-

---

[11] *De Trinitate*, VIII, 8, 12: *CCL* 50, 287.

terior que harmoniza seus corações com o coração de Cristo e leva-os a amar os irmãos como ele os amou, quando se inclinou para lavar os pés dos discípulos (cf. Jo 13,1-13) e, sobretudo, quando deu a sua vida por todos (cf. Jo 13,1; 15,13).

O Espírito é também força que transforma o coração da comunidade eclesial, para ser, no mundo, testemunha do amor do Pai, que quer fazer da humanidade uma única família, em seu Filho. Toda a atividade da Igreja é manifestação de um amor que procura o bem integral do ser humano: procura a sua evangelização por meio da palavra e dos sacramentos, empreendimento muitas vezes heróico nas suas realizações históricas; e procura a sua promoção nos vários âmbitos da vida e da atividade humana. Portanto, é amor o serviço que a Igreja exerce para acorrer constantemente aos sofrimentos e às necessidades, mesmo materiais, dos seres humanos. É sobre esse aspecto, sobre esse serviço da caridade, que desejo deter-me nesta segunda parte da encíclica.

A caridade como dever da Igreja

20. O amor do próximo, radicado no amor de Deus, é um dever, antes de mais nada, para cada um dos fiéis, mas é-o também para a comunidade eclesial inteira, e isso em todos os seus níveis: desde a comunidade local, passando pela Igreja particular, até a

Igreja universal na sua globalidade. A Igreja também, enquanto comunidade, deve praticar o amor. Conseqüência disso é que o amor tem necessidade também de organização enquanto pressuposto para um serviço comunitário ordenado. A consciência de tal dever teve relevância constitutiva na Igreja desde os seus inícios: "Todos os crentes viviam unidos e possuíam tudo em comum. Vendiam terras e outros bens e distribuíam o dinheiro por todos de acordo com as necessidades de cada um" (At 2,44-45). Lucas conta-nos isso no quadro de uma espécie de definição da Igreja, entre cujos elementos constitutivos enumera a adesão ao "ensino dos apóstolos", à "comunhão" (*koinonia*), à "fração do pão" e às "orações" (cf. At 2,42). O elemento da "comunhão" (*koinonia*), que aqui no início não é especificado, aparece depois concretizado nos versículos anteriormente citados: consiste, precisamente, no fato de os crentes terem tudo em comum, pelo que, no seu meio, já não subsiste a diferença entre ricos e pobres (cf. também At 4,32-37). Com o crescimento da Igreja, tal forma radical de comunhão material — verdade se diga — não pôde ser mantida. Mas o núcleo essencial ficou: no seio da comunidade dos crentes não deve haver uma forma de pobreza tal que sejam negados a alguém os bens necessários para uma vida condigna.

21. Um passo decisivo na difícil busca de soluções para realizar esse princípio eclesial fundamental

torna-se patente naquela escolha de sete homens, que foi o início do ofício diaconal (cf. At 6,5-6). De fato, na Igreja primitiva tinha-se gerado, na distribuição quotidiana às viúvas, uma disparidade entre a parte de língua hebraica e a de língua grega. Os apóstolos, a quem estavam confiados, antes de mais nada, a "oração" (eucaristia e liturgia) e o "serviço da palavra", sentiram-se excessivamente carregados pelo "serviço das mesas"; decidiram, por isso, reservar para eles o ministério principal e criar para a outra missão, também ela necessária na Igreja, um organismo de sete pessoas. Mas este grupo não devia realizar um serviço meramente técnico de distribuição: deviam ser homens "cheios do Espírito Santo e de sabedoria" (cf. At 6,1-6). Quer dizer que o serviço social que tinham de cumprir era concreto, sem dúvida alguma, mas ao mesmo tempo era também um serviço espiritual; tratava-se, na verdade, de um ofício verdadeiramente espiritual, que realizava um dever essencial da Igreja, o do amor bem ordenado ao próximo. Com a formação deste organismo dos sete, a *diaconia* — o serviço do amor ao próximo exercido comunitariamente e de modo ordenado — ficara instaurada na estrutura fundamental da própria Igreja.

22. Com o passar dos anos e a progressiva difusão da Igreja, a prática da caridade confirmou-se como um dos seus âmbitos essenciais, juntamente com a administração dos sacramentos e o anúncio da palavra: praticar

o amor para com as viúvas e os órfãos, os presos, os doentes e necessitados de qualquer gênero pertence tanto à sua essência como o serviço dos sacramentos e o anúncio do Evangelho. A Igreja não pode descurar o serviço da caridade, tal como não pode negligenciar os sacramentos nem a palavra. Para o demonstrar, bastam alguns exemplos. O mártir Justino († ca. 155), no contexto da celebração dominical dos cristãos, descreve também a sua atividade caritativa relacionada com a eucaristia enquanto tal. As pessoas abastadas fazem a sua oferta na medida das suas possibilidades, cada uma o que quer; o bispo serve-se disso para sustentar os órfãos, as viúvas e aqueles que por doença ou outros motivos passam necessidade, e também os presos e os forasteiros.[12] O grande escritor cristão Tertuliano († depois de 220) conta como a solicitude dos cristãos pelos necessitados de qualquer gênero suscitava a admiração dos pagãos.[13] E, quando Inácio de Antioquia († ca. 117) designa a Igreja de Roma como aquela que "preside à caridade (*agape*)",[14] pode-se supor que ele quisesse, com tal definição, exprimir de qualquer modo também a sua atividade caritativa concreta.

23. Nesse contexto, pode revelar-se útil uma referência às estruturas jurídicas primitivas que tinham a

---

[12] Cf. *I Apologia*, 67: *PG* 6, 429.

[13] Cf. *Apologeticum* 39, 7: *PL* 1, 468.

[14] *Ep. ad Rom.*, Inscr.: *PG* 5, 801.

ver com o serviço da caridade na Igreja. Em meados do século IV, ganha forma no Egito a chamada *diaconia*, que é, nos diversos mosteiros, a instituição responsável pelo conjunto das atividades assistenciais, pelo serviço precisamente da caridade. A partir desses inícios, desenvolve-se, até o século VI, no Egito, uma corporação com plena capacidade jurídica, à qual as autoridades civis confiam, mesmo, uma parte do trigo para a distribuição pública. No Egito, não só cada mosteiro, mas também cada diocese acabou por ter a sua *diaconia* — uma instituição que se expande depois, quer no Oriente, quer no Ocidente. O papa Gregório Magno († 604) fala da *diaconia* de Nápoles. Relativamente a Roma, as *diaconias* são documentadas a partir dos séculos VII e VIII; mas naturalmente já antes, e logo desde os primórdios, a atividade assistencial aos pobres e doentes, segundo os princípios da vida cristã expostos nos Atos dos Apóstolos, era parte essencial da Igreja de Roma. Esse dever encontra uma sua viva expressão na figura do diácono Lourenço († 258). A dramática descrição do seu martírio era já conhecida por santo Ambrósio († 397) e, no seu núcleo, mostra-nos, seguramente, a figura autêntica do santo. Após a prisão dos seus irmãos na fé e do papa, a ele, como responsável pelo cuidado dos pobres de Roma, fora concedido mais algum tempo de liberdade, para recolher os tesouros da Igreja e entregá-los às autoridades civis. Lourenço distribuiu o dinheiro disponível pelos pobres e, depois, apresentou estes às autoridades como sendo o verdadeiro tesouro da Igreja.[15] Independentemente da credibilidade histórica que se queira atribuir a tais particulares, Lourenço ficou presente na memória da Igreja como grande expoente da caridade eclesial.

24. Uma alusão merece a figura do imperador Juliano, o Apóstata († 363), porque demonstra, uma vez mais, quão essencial era para a Igreja dos primeiros séculos a caridade organizada e praticada. Criança de seis anos, Juliano assistira ao assassínio de seu pai, de seu irmão e de outros familiares pelos guardas do palácio imperial; essa brutalidade atribuiu-a ele — com razão ou sem ela — ao imperador Constâncio, que se fazia passar por um grande cristão. Em conseqüência disso, a fé cristã acabou desacreditada a seus olhos de uma vez por todas. Feito imperador, decide restaurar o paganismo, a antiga religião romana, mas ao mesmo tempo reformá-lo para se tornar, realmente, a força propulsora do império. Para isso, inspirou-se largamente no cristianismo. Instaurou uma hierarquia de metropolitas e sacerdotes. Esses deviam promover o amor a Deus e ao próximo. Numa das suas cartas,[16] escreveu que o único aspecto do cristianismo que o maravilhava era a atividade caritativa da Igreja. Por isso, considerou

---

[15] Cf. SANTO AMBRÓSIO. *De officiis ministrorum*, II, 28: *PL* 16, 141.
[16] Cf. *Ep.* 83: BIDEZ, J. L'empereur Julien. *Œuvres complètes.* Paris 2, 1960. t. I, 2a, p. 145.

determinante para o seu novo paganismo fazer surgir, a par do sistema de caridade da Igreja, uma atividade equivalente na sua religião. Os "galileus" — dizia ele — tinham conquistado, assim, a sua popularidade. Havia que imitá-los, senão mesmo superá-los. Desse modo, o imperador confirmava que a caridade era uma característica decisiva da comunidade cristã, da Igreja.

25. Chegados aqui, registremos dois dados essenciais tirados das reflexões feitas:

> a) A natureza íntima da Igreja exprime-se num tríplice dever: anúncio da Palavra de Deus (*kerygma-martyria*), celebração dos sacramentos (*leiturgia*), serviço da caridade (*diakonia*). São deveres que se reclamam mutuamente, não podendo um ser separado dos outros. Para a Igreja, a caridade não é uma espécie de atividade de assistência social que se poderia mesmo deixar a outros, mas pertence à sua natureza, é expressão irrenunciável da sua própria essência.[17]
>
> b) A Igreja é a família de Deus no mundo. Nessa família, não deve haver ninguém que sofra

---

[17] Cf. CONGREGAÇÃO DOS BISPOS. Diretório para o ministério pastoral dos bispos *Apostolorum successores* (22 de fevereiro de 2004), n. 194: Vaticano, 2004, 2ª, 205-206.

por falta do necessário. Ao mesmo tempo, porém, a *caritas-agape* estende-se para além das fronteiras da Igreja; a parábola do bom samaritano permanece como critério de medida, impondo a universalidade do amor que se inclina para o necessitado encontrado "por acaso" (cf. Lc 10,31), seja ele quem for. Mas, ressalvada essa universalidade do mandamento do amor, existe também uma exigência especificamente eclesial —, precisamente a exigência de que, na própria Igreja enquanto família, nenhum membro sofra porque passa necessidade. Nesse sentido, pronuncia-se a Carta aos Gálatas: "Portanto, enquanto temos tempo, pratiquemos o bem para com todos, mas principalmente para com os irmãos na fé" (6,10).

Justiça e caridade

26. Desde o século XIX, vemos levantar-se contra a atividade caritativa da Igreja uma objeção, explanada depois com insistência, sobretudo pelo pensamento marxista. Os pobres — diz-se — não teriam necessidade de obras de caridade, mas de justiça. As obras de caridade — as esmolas — seriam, na realidade, para os ricos, uma forma de subtraírem-se à instauração da justiça e tranqüilizarem a consciência, mantendo as

suas posições e defraudando os pobres nos seus direitos. Em vez de contribuir com as diversas obras de caridade para a manutenção das condições existentes, seria necessário criar uma ordem justa, na qual todos receberiam a sua respectiva parte de bens da terra e, por conseguinte, já não teriam necessidade das obras de caridade. Algo de verdade existe — devemos reconhecê-lo — nessa argumentação, mas há também, e não pouco, algo de errado. É verdade que a norma fundamental do Estado deve ser a prossecução da justiça e que a finalidade de uma justa ordem social é garantir a cada um, no respeito do princípio da subsidiariedade, a própria parte nos bens comuns. Isso mesmo sempre o têm sublinhado a doutrina cristã sobre o Estado e a doutrina social da Igreja. Do ponto de vista histórico, a questão da justa ordem da coletividade entrou numa nova situação com a formação da sociedade industrial no século XIX. A aparição da indústria moderna dissolveu as antigas estruturas sociais e provocou, com a massa dos assalariados, uma mudança radical na composição da sociedade, no seio da qual a relação entre capital e trabalho se tornou a questão decisiva — questão que, sob essa forma, era desconhecida antes. As estruturas de produção e o capital tornaram-se o novo poder, que, colocado nas mãos de poucos, comportava para as massas operárias uma privação de direitos, contra a qual era preciso revoltar-se.

27. Forçoso é admitir que os representantes da Igreja só lentamente se foram dando conta de que se colocava em moldes novos o problema da justa estrutura da sociedade. Não faltaram pioneiros: um deles, por exemplo, foi o bispo Ketteler, de Mogúncia († 1877). Como resposta às necessidades concretas, surgiram também círculos, associações, uniões, federações e, sobretudo, novas congregações religiosas, que, no século XIX, foram a campo contra a pobreza, as doenças e as situações de carência no setor educativo. Em 1891, entrou em cena o magistério pontifício, com a encíclica *Rerum novarum*, de Leão XIII. Seguiu-se-lhe a encíclica de Pio XI *Quadragesimo anno*, em 1931. O beato papa João XXIII publicou, em 1961, a encíclica *Mater et magistra*, enquanto Paulo VI, na encíclica *Populorum progressio* (1967) e na carta apostólica *Octogesima adveniens* (1971), analisou com afinco a problemática social, que entretanto se tinha agravado sobretudo na América Latina. O meu grande predecessor, João Paulo II, deixou-nos uma trilogia de encíclicas sociais: *Laborem exercens* (1981), *Sollicitudo rei socialis* (1987) e, por último, *Centesimus annus* (1991). Desse modo, ao enfrentar situações e problemas sempre novos, foi-se desenvolvendo uma doutrina social católica, que em 2004 foi apresentada de modo orgânico no *Compêndio da doutrina social da Igreja*, redigido pelo Pontifício Conselho "Justiça e Paz". O marxismo tinha indicado, na revolução mundial e na

sua preparação, a panacéia para a problemática social: através da revolução e conseqüente coletivização dos meios de produção — asseverava-se em tal doutrina — devia, de um momento para outro, caminhar tudo de modo diverso e melhor. Esse sonho desvaneceu-se. Na difícil situação em que hoje nos encontramos por causa também da globalização da economia, a doutrina social da Igreja tornou-se uma indicação fundamental, que propõe válidas orientações muito para além das fronteiras eclesiais: tais orientações — em face do progresso em ato — devem ser analisadas em diálogo com todos aqueles que se preocupam seriamente com o ser humano e com seu mundo.

28. Para definir com maior cuidado a relação entre o necessário empenho em prol da justiça e o serviço da caridade, é preciso anotar duas situações de fato que são fundamentais:

   a) A justa ordem da sociedade e do Estado é dever central da política. Um Estado que não se regesse segundo a justiça reduzir-se-ia a uma grande banda de ladrões, como disse Agostinho uma vez: "Remota itaque iustitia quid sunt regna nisi magna latrocinia?"[18] Pertence à estrutura fundamental do cristianismo a distinção entre o que é de César e o que

---

[18] *De Civitate Dei*, IV, 4: *CCL* 47, 102.

é de Deus (cf. Mt 22,21), isto é, a distinção entre Estado e Igreja ou, como diz o Concílio Vaticano II, a autonomia das realidades temporais.[19] O Estado não pode impor a religião, mas deve garantir a liberdade desta e a paz entre os aderentes das diversas religiões; por sua vez, a Igreja, como expressão social da fé cristã, tem a sua independência e vive, assente na fé, a sua forma comunitária, que o Estado deve respeitar. As duas esferas são distintas, mas sempre em recíproca relação.

A justiça é o objetivo e, conseqüentemente, também a medida intrínseca de toda política. A política é mais do que uma simples técnica para a definição dos ordenamentos públicos: a sua origem e o seu objetivo estão precisamente na justiça, e esta é de natureza ética. Assim, o Estado defronta-se, inevitavelmente, com a questão: como realizar a justiça aqui e agora? Mas tal pergunta pressupõe outra mais radical: que é a justiça? Isso é um problema que diz respeito à razão prática; mas, para poder operar retamente, a razão deve ser continuamente purificada, porque a sua cegueira ética, derivada da prevalência do interesse e do

---

[19] Cf. Constituição pastoral sobre a Igreja no mundo contemporâneo *Gaudium et spes*, n. 36.

poder que a deslumbram, é um perigo nunca totalmente eliminado.

Nesse ponto, política e fé tocam-se. A fé tem, sem dúvida, a sua natureza específica de encontro com o Deus vivo — um encontro que nos abre novos horizontes muito para além do âmbito próprio da razão. Ao mesmo tempo, porém, ela serve de força purificadora para a própria razão. Partindo da perspectiva de Deus, liberta-a de suas cegueiras e, conseqüentemente, ajuda-a a ser mais ela mesma. A fé consente à razão de realizar melhor a sua missão e ver mais claramente o que lhe é próprio. É aqui que se coloca a doutrina social católica: esta não pretende conferir à Igreja poder sobre o Estado; nem quer impor, àqueles que não compartilham a fé, perspectivas e formas de comportamento que pertencem a esta. Deseja, simplesmente, contribuir para a purificação da razão e prestar a própria ajuda para fazer com que aquilo que é justo possa, aqui e agora, ser reconhecido e, depois, também realizado.

A doutrina social da Igreja discorre a partir da razão e do direito natural, isto é, a partir daquilo que é conforme à natureza de todo o ser humano. E sabe que não é tarefa da Igreja fazer ela própria valer politicamente essa doutrina: quer servir a formação da consciência na política e ajudar a crescer a percepção das verdadeiras exigências da justiça e, simultaneamente, a disponibilidade para agir com base nestas, ainda que tal colidisse com situações de interesse pessoal. Isso significa que a construção de um ordenamento social e estatal justo, pelo qual seja dado a cada um o que lhe compete, é um dever fundamental que deve enfrentar de novo cada geração. Tratando-se de uma tarefa política, não pode ser encargo imediato da Igreja. Mas como ao mesmo tempo é uma tarefa humana primária, a Igreja tem o dever de oferecer, por meio da purificação da razão e através da formação ética, a sua contribuição específica para que as exigências da justiça se tornem compreensíveis e politicamente realizáveis.

A Igreja não pode nem deve tomar nas suas próprias mãos a batalha política para realizar a sociedade mais justa possível. Não pode, nem deve colocar-se no lugar do Estado. Mas também não pode, nem deve ficar à margem na luta pela justiça. Deve inserir-se nela pela via da argumentação racional e deve despertar as forças espirituais, sem as quais a justiça, que sempre requer renúncias também, não poderá afirmar-se, nem prosperar. A sociedade justa não pode ser obra da Igreja; deve ser realizada pela política. Mas toca à Igreja, e profundamente, o empenhar-se pela justiça trabalhando para a abertura da inteligência e da vontade às exigências do bem.

b) O amor — *caritas* — será sempre necessário, mesmo na sociedade mais justa. Não há qualquer ordenamento estatal justo que possa tornar supérfluo o serviço do amor. Quem quer desfazer-se do amor, prepara-se para desfazer-se do ser humano enquanto ser humano. Sempre haverá sofrimento que necessita de consolação e ajuda. Haverá sempre solidão. Existirão sempre, também, situações de necessidade material, para as quais é indispensável uma ajuda na linha de um amor concreto ao próximo.[20] Um Estado que queira prover a tudo e tudo açambarque torna-se, no fim das contas, uma instância burocrática, que não pode assegurar o essencial de que o ser humano sofredor — todo ser humano — tem necessidade:

---

[20] Cf. CONGREGAÇÃO DOS BISPOS. Diretório para o ministério pastoral dos bispos *Apostolorum successores* (22 de fevereiro de 2004), n. 197: Vaticano, 2004, 2ª, 209.

a amorosa dedicação pessoal. Não precisamos de um Estado que regule e domine tudo, mas de um Estado que generosamente reconheça e apóie, segundo o princípio de subsidiariedade, as iniciativas que nascem das diversas forças sociais e conjugam espontaneidade e proximidade aos seres humanos carecidos de ajuda. A Igreja é uma dessas forças vivas: nela pulsa a dinâmica do amor suscitado pelo Espírito de Cristo. Esse amor não oferece aos seres humanos apenas uma ajuda material, mas também refrigério e cuidado para a alma — ajuda muitas vezes mais necessária do que o apoio material. A afirmação de que as estruturas justas tornariam supérfluas as obras de caridade esconde, de fato, uma concepção materialista do ser humano: o preconceito segundo o qual o ser humano viveria "só de pão" (Mt 4,4; cf. Dt 8,3) — convicção que humilha o ser humano e ignora precisamente aquilo que é mais especificamente humano.

29. Desse modo, podemos determinar, agora mais concretamente, na vida da Igreja, a relação entre o empenho por um justo ordenamento do Estado e da sociedade, por um lado, e a atividade caritativa organizada, por outro. Viu-se que a formação de estruturas justas não é imediatamente um dever da Igreja, mas pertence à esfera da política, isto é, ao âmbito da razão

auto-responsável. Nisso, o dever da Igreja é mediato, enquanto lhe compete contribuir para a purificação da razão e o despertar das forças morais, sem as quais não se constroem estruturas justas, nem estas permanecem operativas por muito tempo.

Entretanto, o dever imediato de trabalhar por uma ordem justa na sociedade é próprio dos fiéis leigos, os quais, como cidadãos do Estado, são chamados a participar pessoalmente na vida pública. Não podem, pois, abdicar "da múltipla e variada ação econômica, social, legislativa, administrativa e cultural, destinada a promover, orgânica e institucionalmente, o bem comum".[21] Por conseguinte, é missão dos fiéis leigos configurar retamente a vida social, respeitando a sua legítima autonomia e cooperando, segundo a respectiva competência e sob própria responsabilidade, com os outros cidadãos.[22] Embora as manifestações específicas da caridade eclesial nunca possam confundir-se com a atividade do Estado, no entanto a verdade é que a caridade deve animar a existência inteira dos fiéis leigos e, conseqüentemente, também a sua atividade política vivida como "caridade social".[23]

---

[21] João Paulo II. Exortação apostólica pós-sinodal *Christifideles laici* (30 de dezembro de 1988), n. 42: *AAS* 81 (1989) 472.

[22] Cf. Congregação para a Doutrina da Fé. *Nota doutrinal sobre algumas questões relativas à participação e comportamento dos católicos na vida política* (24 de novembro de 2002), 1: *L'Ossservatore Romano* (ed. portuguesa de 25 de janeiro de 2003), p. 42.

[23] *Catecismo da Igreja Católica*, 1939.

Caso diverso são as organizações caritativas da Igreja, que constituem um seu *opus proprium*, um dever que lhe é congênito, no qual ela não se limita a colaborar colateralmente, mas atua como sujeito diretamente responsável, realizando o que corresponde à sua natureza. A Igreja nunca poderá ser dispensada da prática da caridade enquanto atividade organizada dos crentes, como aliás nunca haverá uma situação em que não seja necessária a caridade de cada um dos indivíduos cristãos, porque o ser humano, além da justiça, tem e terá sempre necessidade do amor.

As múltiplas estruturas de serviço caritativo no atual contexto social

30. Antes, ainda, de tentar uma definição do perfil específico das atividades eclesiais a serviço do ser humano, quero considerar a situação geral do empenho pela justiça e o amor no mundo atual.

a) Os meios de comunicação de massa tornaram, hoje, o nosso planeta mais pequeno, aproximando rapidamente seres humanos e culturas profundamente diversos. Se, às vezes, esse "estar juntos" suscita incompreensões e tensões, o fato, porém, de agora se chegar de forma muito mais imediata ao conhecimento das necessidades dos seres humanos constitui, sobretudo, um apelo a partilhar a sua situação e as suas dificuldades. Cada dia vamos nos tornando conscientes de quanto se sofre no mundo, apesar dos grandes progressos nos campos científico e técnico, por causa de uma miséria multiforme, tanto material como espiritual. Por isso este nosso tempo requer uma nova disponibilidade para socorrer o próximo necessitado. Sublinhou-o já o Concílio Vaticano II com palavras muito claras: "No nosso tempo, em que os meios de comunicação são mais rápidos, em que quase se venceu a distância entre os seres humanos, [...] a atividade caritativa pode e deve atingir as necessidades de todos os seres humanos".[24]

Por outro lado — e trata-se de um aspecto provocatório e ao mesmo tempo encorajador do processo de globalização —, o presente põe à nossa disposição inumeráveis instrumentos para prestar ajuda humanitária aos irmãos necessitados, não sendo os menos notáveis entre eles os sistemas modernos para a distribuição de alimento e vestuário, e também para a oferta de habitação e acolhimento. Superando as fronteiras das comunidades nacionais, a solicitude pelo próximo tende, assim, a alargar os

---

[24] Decreto sobre o apostolado dos leigos *Apostolicam actuositatem*, n. 8.

seus horizontes ao mundo inteiro. Justamente o pôs em relevo o Concílio Vaticano II: "Entre os sinais do nosso tempo, é digno de especial menção o crescente e inelutável sentido de solidariedade entre todos os povos".[25] Os entes do Estado e as associações humanitárias apadrinham iniciativas com tal finalidade, fazendo-o, na maior parte dos casos, através de subsídios ou descontos fiscais, os primeiros, e pondo à disposição verbas consideráveis, as segundas. E assim a solidariedade expressa pela sociedade civil supera, significativamente, a dos indivíduos.

b) Nessa situação, nasceram e desenvolveram-se numerosas formas de colaboração entre as estruturas estatais e as eclesiais, que se revelaram frutuosas. As estruturas eclesiais, com a transparência da sua ação e a fidelidade ao dever de testemunhar o amor, poderão animar de maneira cristã também as estruturas civis, favorecendo uma recíproca coordenação que não deixará de potenciar a eficácia do serviço caritativo.[26] Nesse contexto, formaram-se, também, muitas organizações com fins caritativos

---

[25] Ibidem, n. 14.

[26] Cf. CONGREGAÇÃO DOS BISPOS. Diretório para o ministério pastoral dos bispos *Apostolorum successores* (22 de fevereiro de 2004), n. 195: Vaticano, 2004, 2ª, 206-208.

ou filantrópicos, que procuram, em face dos problemas sociais e políticos existentes, alcançar soluções satisfatórias sob o aspecto humanitário. Um fenômeno importante do nosso tempo é a aparição e difusão de diversas formas de voluntariado, que se ocupam de uma pluralidade de serviços.[27] Desejo, aqui, deixar uma palavra de particular apreço e gratidão a todos aqueles que participam, de diversas formas, dessas atividades. Tal empenho generalizado constitui, para os jovens, uma escola de vida que educa para a solidariedade e a disponibilidade a darem não simplesmente qualquer coisa, mas darem-se a si próprios. À anticultura da morte, que se exprime, por exemplo, na droga, contrapõe-se, assim, o amor que não procura o próprio interesse, mas que, precisamente na disponibilidade a "perder-se a si mesmo" pelo outro (cf. Lc 17,33 e paralelos), se revela como cultura da vida.

Na Igreja católica e noutras Igrejas e comunidades eclesiais, também apareceram novas formas de atividade caritativa e ressurgiram antigas com zelo renovado. São formas nas quais se consegue, muitas vezes, estabelecer uma feliz ligação entre evangeli-

---

[27] Cf. JOÃO PAULO II. Exortação apostólica pós-sinodal *Christifideles laici* (30 de dezembro de 1988), n. 41: *AAS* 81 (1989) 470-472.

zação e obras de caridade. Desejo, aqui, confirmar, explicitamente, aquilo que o meu grande predecessor, João Paulo II, escreveu na sua encíclica *Sollicitudo rei socialis*,[28] quando declarou a disponibilidade da Igreja católica para colaborar com as organizações caritativas dessas Igrejas e comunidades, uma vez que todos nós somos movidos pela mesma motivação fundamental e temos diante dos olhos idêntico objetivo: um verdadeiro humanismo, que reconhece no ser humano a imagem de Deus e quer ajudá-lo a levar uma vida conforme com essa dignidade. Depois, a encíclica *Ut unum sint* voltou a sublinhar que, para o progresso rumo a um mundo melhor, é necessária a voz comum dos cristãos, o seu empenho em "fazer triunfar o respeito pelos direitos e necessidades de todos, especialmente dos pobres, humilhados e desprotegidos".[29] Quero exprimir, aqui, a minha alegria pelo fato de esse desejo ter encontrado um vasto eco por todo o mundo em numerosas iniciativas.

O perfil específico da atividade caritativa da Igreja

31. O aumento de organizações diversificadas que se dedicam ao ser humano em suas várias necessidades explica-se, fundamentalmente, pelo fato de o impera-

---

[28] Cf. n. 32: *AAS* 80 (1988) 556.
[29] N. 43: *AAS* 87 (1995) 946.

tivo do amor ao próximo ter sido inscrito pelo Criador na própria natureza do ser humano. Mas o referido aumento é efeito também da presença, no mundo, do cristianismo, que não cessa de despertar e tornar eficaz tal imperativo, muitas vezes profundamente obscurecido no decurso da história. A reforma do paganismo, tentada pelo imperador Juliano, o Apóstata, é apenas um exemplo incipiente de tal eficácia. Nesse sentido, a força do cristianismo propaga-se para muito além das fronteiras da fé cristã. Por isso é muito importante que a atividade caritativa da Igreja mantenha todo o seu esplendor e não se dissolva na organização assistencial comum, tornando-se uma simples variante. Mas, então, quais são os elementos constitutivos que formam a essência da caridade cristã e eclesial?

a) Segundo o modelo oferecido pela parábola do bom samaritano, a caridade cristã é, em primeiro lugar, simplesmente a resposta àquilo que, numa determinada situação, constitui a necessidade imediata: os famintos devem ser saciados; os nus, vestidos; os doentes, tratados para se curarem; os presos, visitados etc. As organizações caritativas da Igreja, a começar pela *Cáritas* (diocesana, nacional e internacional), devem fazer o possível para colocar à disposição os correlativos meios e, sobretudo, os homens e mulheres que assumam tais tarefas. Relativamente ao serviço que as pessoas realizam em favor dos doentes, requer-se, antes de mais nada, a competência profissional: os socorristas devem ser formados de tal modo que saibam fazer a coisa justa de modo justo, assumindo também o compromisso de continuar o tratamento. A competência profissional é uma primeira e fundamental necessidade, mas por si só não basta. É que se trata de seres humanos, e esses necessitam, sempre, de algo mais que um tratamento apenas tecnicamente correto: têm necessidade de humanidade, precisam da atenção do coração. Todos os que trabalham nas instituições caritativas da Igreja devem distinguir-se pelo fato de que não se limitam a executar habilidosamente a ação conveniente naquele momento, mas dedicam-se ao outro com as atenções sugeridas pelo coração, de modo que ele sinta a sua riqueza de humanidade. Por isso, para tais agentes, além da preparação profissional, requer-se também, e sobretudo, a "formação do coração": é preciso levá-los àquele encontro com Deus em Cristo que neles suscite o amor e abra o seu íntimo ao outro de tal modo que, para eles, o amor do próximo já não seja um mandamento, por assim dizer, imposto de fora, mas uma conseqüência resultante da sua fé, que se torna operativa pelo amor (cf. Gl 5,6).

b) A atividade caritativa cristã deve ser independente de partidos e ideologias. Não é um meio para mudar o mundo de maneira ideológica, nem está a serviço de estratégias mundanas, mas é atualização, aqui e agora, daquele amor de que o ser humano sempre tem necessidade. O tempo moderno, sobretudo a partir do século XIX, aparece dominado por diversas variantes de uma filosofia do progresso, cuja forma mais radical é o marxismo. Uma parte da estratégia marxista é a teoria do empobrecimento: esta defende que, numa situação de poder injusto, quem ajuda o ser humano com iniciativas de caridade coloca-se, de fato, a serviço daquele sistema de injustiça, fazendo-o resultar, pelo menos até certo ponto, suportável. Desse modo, fica refreado o potencial revolucionário e, conseqüentemente, bloqueada a reviravolta para um mundo melhor. Por isso se contesta e ataca a caridade como sistema de conservação do *status quo*. Na realidade, esta é uma filosofia desumana. O ser humano que vive no presente é sacrificado ao *moloch* do futuro — um futuro cuja efetiva realização permanece, pelo menos, duvidosa. Na verdade, a humanização do mundo não pode ser promovida renunciando, de imediato, a comportar-se de modo humano. Só se contribui para um mundo melhor fazendo o bem agora e pessoalmente, com paixão e onde for possível, independentemente de estratégias e programas de partido. O projeto do cristão — o projeto do bom samaritano, o projeto de Jesus — é "um coração que vê". Esse coração vê onde há necessidade de amor, e atua em conseqüência. Obviamente, quando a atividade caritativa é assumida pela Igreja como iniciativa comunitária, à espontaneidade do indivíduo há de acrescentar também a programação, a previdência, a colaboração com outras instituições idênticas.

c) Além disso, a caridade não deve ser um meio em função daquilo que hoje é indicado como proselitismo. O amor é gratuito; não é realizado para alcançar outros fins.[30] Isso, porém, não significa que a ação caritativa deva, por assim dizer, deixar Deus e Cristo de lado. Sempre está em jogo o ser humano todo. Muitas vezes, é precisamente a ausência de Deus a raiz mais profunda do sofrimento. Quem realiza a caridade em nome da Igreja, nunca procurará impor aos outros a fé da Igreja. Sabe que o

---

[30] Cf. CONGREGAÇÃO DOS BISPOS. Diretório para o ministério pastoral dos bispos *Apostolorum successores* (22 de fevereiro de 2004), n. 196: Vaticano, 2004, 2ª, 208.

amor, na sua pureza e gratuidade, é o melhor testemunho do Deus em que acreditamos e pelo qual somos impelidos a amar. O cristão sabe quando é tempo de falar de Deus e quando é justo não o fazer, deixando falar somente o amor. Sabe que Deus é amor (cf. 1Jo 4,8) e torna-se presente precisamente nos momentos em que nada mais se faz a não ser amar. Sabe — voltando às questões anteriores — que o vilipêndio do amor é vilipêndio de Deus e do ser humano, é a tentativa de prescindir de Deus. Conseqüentemente, a melhor defesa de Deus e do ser humano consiste, precisamente, no amor. É dever das organizações caritativas da Igreja reforçar de tal modo essa consciência em seus membros que estes, através do seu agir — como também do seu falar, do seu silêncio, do seu exemplo —, se tornem testemunhas críveis de Cristo.

Os responsáveis pela ação caritativa da Igreja

32. Por último, devemos, ainda, fixar a nossa atenção sobre os responsáveis pela ação caritativa da Igreja, a que já aludimos. Das reflexões feitas anteriormente, resulta claramente que o verdadeiro sujeito das várias organizações católicas que realizam um serviço de caridade é a própria Igreja — e isso em todos os ní-

veis, a começar pelas paróquias, passando pelas Igrejas particulares até chegar à Igreja universal. Por isso, foi muito oportuna a instituição do Pontifício Conselho *Cor Unum*, feita pelo meu venerado predecessor Paulo VI, como instância da Santa Sé responsável pela orientação e coordenação entre as organizações e as atividades caritativas promovidas pela Igreja católica. Depois, é consoante à estrutura episcopal da Igreja o fato de, nas Igrejas particulares, caber aos bispos, enquanto sucessores dos apóstolos, a primeira responsabilidade pela realização, mesmo atualmente, do programa indicado nos Atos dos Apóstolos (cf. 2,42-44): a Igreja, enquanto família de Deus, deve ser, hoje como ontem, um espaço de ajuda recíproca e, simultaneamente, um espaço de disponibilidade para servir mesmo aqueles que, fora dela, têm necessidade de ajuda. No rito de ordenação episcopal, o ato verdadeiro e próprio de consagração é precedido por algumas perguntas ao candidato, nas quais se exprimem os elementos essenciais do seu ofício e são-lhe lembrados os deveres do seu futuro ministério. Nesse contexto, o ordenando promete, expressamente, que será, em nome do Senhor, bondoso e compassivo com os pobres e todos os necessitados de conforto e ajuda.[31] O *Código de Direito Canônico*, nos cânones relativos ao ministério episcopal, não trata, explicitamente, da caridade como âmbito específico da atividade

---

[31] Cf. PONTIFICAL ROMANO. *Ordenação do bispo*, n. 43.

episcopal, falando apenas, em geral, do dever que tem o bispo de coordenar as diversas obras de apostolado no respeito da índole própria de cada uma.[32] Recentemente, porém, o diretório para o ministério pastoral dos bispos aprofundou, de forma mais concreta, o dever da caridade como tarefa intrínseca da Igreja inteira e do bispo na sua diocese,[33] sublinhando que a prática da caridade é um ato da Igreja e que também ela, tal como o serviço da Palavra e dos sacramentos, faz parte da essência da sua missão originária.[34]

33. No que diz respeito aos colaboradores que realizam, em nível prático, o trabalho caritativo na Igreja, já foi dito o essencial: eles não se devem inspirar nas ideologias do melhoramento do mundo, mas deixar-se guiar pela fé que atua pelo amor (cf. Gl 5,6). Por isso devem ser pessoas movidas, antes de mais nada, pelo amor de Cristo, pessoas cujo coração Cristo conquistou com o seu amor, nele despertando o amor ao próximo. O critério inspirador da sua ação deveria ser a afirmação presente na 2 Carta aos Coríntios: "O amor de Cristo nos constrange" (5,14). A consciência de que, nele, o próprio Deus se entregou por nós até a morte deve induzir-nos a viver não mais para nós mesmos, mas para ele e com ele, para os outros. Quem ama Cristo, ama a

---

[32] Cf. Cân. 394; *Código dos Cânones das Igrejas Orientais*, cân. 203.
[33] Cf. *Apostolorum successores*, nn. 193-198, 204-210.
[34] Cf. Ibidem, nn. 194, 205-206.

Igreja e quer que esta seja cada vez mais expressão e instrumento do amor que dele emana. O colaborador de qualquer organização caritativa católica quer trabalhar com a Igreja, e conseqüentemente com o bispo, para que o amor de Deus se espalhe no mundo. Com a sua participação na prática eclesial do amor, quer ser testemunha de Deus e de Cristo e, por isso mesmo, quer fazer bem aos seres humanos gratuitamente.

34. A abertura interior à dimensão católica da Igreja não poderá deixar de predispor o colaborador a sintonizar-se com as outras organizações que estão a serviço das várias formas de necessidade; mas isso deverá verificar-se no respeito do perfil específico do serviço requerido por Cristo aos seus discípulos. No seu hino à caridade (cf. 1Cor 13), são Paulo ensina-nos que a caridade é sempre algo mais do que mera atividade: "Ainda que distribua todos os meus bens em esmolas e entregue o meu corpo a fim de ser queimado, se não tiver caridade, de nada me aproveita" (v. 3). Esse hino deve ser a carta magna de todo o serviço eclesial; nele se encontram resumidas todas as reflexões que fiz sobre o amor ao longo desta carta encíclica. A ação prática resulta insuficiente se não for palpável nela o amor pelo ser humano, um amor que se nutre do encontro com Cristo. A íntima participação pessoal nas necessidades e no sofrimento do outro torna-se, assim, um dar-se-lhe a mim mesmo: para que o dom não humilhe o outro,

devo não apenas dar-lhe qualquer coisa minha, mas dar-me a mim mesmo, devo estar presente no dom como pessoa.

35. Esse modo justo de servir torna humilde o agente, que não assume uma posição de superioridade diante do outro, por mais miserável que possa ser, de momento, a sua situação. Cristo ocupou o último lugar no mundo — a cruz — e, precisamente com essa humildade radical, redimiu-nos e ajuda-nos sem cessar. Quem se acha em condições de ajudar, há de reconhecer que, precisamente desse modo, é ajudado ele próprio também; não é mérito seu, nem título de glória, o fato de poder ajudar. Essa tarefa é graça. Quanto mais alguém trabalhar pelos outros, tanto melhor compreenderá e assumirá como própria esta palavra de Cristo: "Somos servos inúteis" (Lc 17,10). Na realidade, ele reconhece que age, não em virtude de uma superioridade ou uma maior eficiência pessoal, mas porque o Senhor lhe concedeu esse dom. Às vezes, a excessiva vastidão das necessidades e as limitações do próprio agir poderão expô-lo à tentação do desânimo. Mas é precisamente, então, que lhe serve de ajuda saber que, em última instância, ele não passa de um instrumento nas mãos do Senhor; libertar-se-á, assim, da presunção de dever realizar, pessoalmente e sozinho, o necessário melhoramento do mundo. Com humildade, fará o que lhe for possível realizar e, com humildade, confiará o

resto ao Senhor. É Deus quem governa o mundo, não nós. Prestamos-lhe apenas o nosso serviço por quanto podemos e até onde ele nos dá a força. Mas fazer tudo o que nos for possível e com a força de que dispomos, tal é o dever que mantém o servo bom de Cristo sempre em movimento: "O amor de Cristo nos constrange" (2Cor 5,14).

36. A experiência da incomensurabilidade das necessidades pode, por um lado, fazer-nos cair na ideologia que pretende realizar, agora, aquilo que o governo do mundo, por parte de Deus, pelo visto, não consegue: a solução universal de todo problema. Por outro lado, aquela pode tornar-se uma tentação para a inércia a partir da impressão de que, seja como for, nunca se levaria nada a termo. Nessa situação, o contato vivo com Cristo é a ajuda decisiva para prosseguir pela justa estrada: nem cair numa soberba que despreza o ser humano e, na realidade, nada constrói, antes, até destrói; nem abandonar-se à resignação que impediria de deixar-se guiar pelo amor e, assim, servir o ser humano. A oração, como meio para haurir continuamente a força de Cristo, torna-se, aqui, uma urgência inteiramente concreta. Quem reza, não desperdiça o seu tempo, mesmo quando a situação apresenta todas as características de uma emergência e parece impelir, unicamente, para a ação. A piedade não afrouxa a luta contra a pobreza ou mesmo contra a miséria do próximo. A beata Teresa

de Calcutá é um exemplo evidentíssimo do fato que o tempo dedicado a Deus na oração não só não lesa a eficácia nem a operosidade do amor ao próximo, mas é realmente a sua fonte inexaurível. Na sua carta para a Quaresma de 1996, essa beata escrevia aos seus colaboradores leigos: "Nós precisamos desta união íntima com Deus na nossa vida cotidiana. E como poderemos obtê-la? Através da oração".

37. Chegou o momento de reafirmar a importância da oração diante do ativismo e do secularismo que ameaça muitos cristãos empenhados no trabalho caritativo. Obviamente, o cristão que reza não pretende mudar os planos de Deus, nem corrigir o que Deus previu; procura, antes, o encontro com o Pai de Jesus Cristo, pedindo-lhe que esteja presente, com o conforto do seu Espírito, nele e na sua obra. A familiaridade com o Deus pessoal e o abandono à sua vontade impedem a degradação do ser humano, salvam-no da prisão de doutrinas fanáticas e terroristas. Um comportamento autenticamente religioso evita que o ser humano se converta em juiz de Deus, acusando-o de permitir a miséria sem sentir compaixão pelas suas criaturas. Mas quem pretender lutar contra Deus, tomando como ponto de apoio o interesse do ser humano, com quem poderá contar quando a ação humana se demonstrar impotente?

38. É certo que Jó pôde lamentar-se com Deus pelo sofrimento, incompreensível e aparentemente

injustificado, presente no mundo. Assim se exprime ele na sua dor:

> Oh! Se pudesse encontrá-lo e chegar até o seu próprio trono! [...] Saberia o que ele iria responder-me e ouviria o que ele teria para me dizer. Oporia ele, contra mim, o seu grande poder? [...] Por isso a sua presença me atemoriza; contemplo-o e tremo diante dele. Deus enervou o meu coração, o Onipotente encheu-me de terror (23,3.5-6.15-16).

Muitas vezes, não nos é concedido saber o motivo pelo qual Deus retém o seu braço, em vez de intervir. Aliás, ele não nos impede sequer de gritar, como Jesus na cruz: "Meu Deus, meu Deus, porque me abandonaste?" (Mt 27,46). Num diálogo orante, havemos de lançar-lhe em rosto esta pergunta: "Até quando esperarás, Senhor, tu que és santo e verdadeiro?" (Ap 6,10). Santo Agostinho dá a esse nosso sofrimento a resposta da fé: "Si comprehendis, non est Deus – Se o compreendesses, não seria Deus".[35] O nosso protesto não quer desafiar a Deus, nem insinuar nele a presença de erro, fraqueza ou indiferença. Para o crente, não é possível pensar que ele seja impotente ou então que "esteja dormindo" (cf. 1Rs 18,27). Antes, a verdade é que até mesmo o nosso clamor constitui, como na boca de Jesus na cruz, o modo extremo e mais profundo de

---

[35] *Sermão* 52, 16: *PL* 38, 360.

afirmar a nossa fé no seu poder soberano. Na realidade, os cristãos continuam a crer, não obstante todas as incompreensões e confusões do mundo circunstante, "na bondade de Deus e no seu amor pelos homens" (Tt 3,4). Apesar de estarem imersos, como os outros seres humanos, na complexidade dramática das vicissitudes da história, eles permanecem inabaláveis na certeza de que Deus é Pai e nos ama, ainda que o seu silêncio seja incompreensível para nós.

39. A fé, a esperança e a caridade caminham juntas. A esperança manifesta-se, praticamente, nas virtudes da paciência, que não esmorece no bem, nem sequer diante de um aparente insucesso, e da humildade, que aceita o mistério de Deus e confia nele mesmo na escuridão. A fé mostra-nos o Deus que entregou o seu Filho por nós e, assim, gera em nós a certeza vitoriosa de que isto é mesmo verdade: Deus é amor! Desse modo, ela transforma a nossa impaciência e as nossas dúvidas em esperança segura de que Deus tem o mundo nas suas mãos e que, não obstante todas as trevas, ele vence, como revela de forma esplendorosa o Apocalipse, no final, com as suas imagens impressionantes. A fé, que toma consciência do amor de Deus revelado no coração trespassado de Jesus na cruz, suscita, por sua vez, o amor. Aquele amor divino é a luz — fundamentalmente, a única — que ilumina incessantemente um mundo às escuras e nos dá a coragem de viver e agir. O amor é

possível, e nós somos capazes de o praticar porque criados à imagem de Deus. Viver o amor e, desse modo, fazer entrar a luz de Deus no mundo: tal é o convite que vos queria deixar com a presente encíclica.

Conclusão

40. Por fim, olhemos os santos, aqueles que praticaram de forma exemplar a caridade. Penso, de modo especial, em Martinho de Tours († 397), primeiro soldado, depois monge e bispo: como se fosse um ícone, ele mostra o valor insubstituível do testemunho individual da caridade. Às portas de Amiens, Martinho partilhara metade do seu manto com um pobre; durante a noite, aparece-lhe, num sonho, o próprio Jesus trazendo vestido aquele manto, para confirmar a perene validade da sentença evangélica: "Estava nu e destes-me de vestir [...]. Sempre que fizestes isto a um destes meus irmãos mais pequeninos, a mim mesmo o fizestes" (Mt 25,36.40).[36] Mas, na história da Igreja, quantos outros testemunhos de caridade podem ser citados! Em particular, todo o movimento monástico, logo desde os seus inícios, com santo Antão Abade († 356), exprime um imenso serviço de caridade para com o próximo. No encontro "face a face" com aquele Deus que é amor, o monge sente a impelente exigência de transformar toda

---

[36] Cf. SULPÍCIO SEVERO. *Vita sancti Martini*, 3, 1-3: *SCh* 133, 256-258.

a sua vida em serviço do próximo, além do de Deus naturalmente. Assim se explicam as grandes estruturas de acolhimento, internamento e tratamento que surgiram ao lado dos mosteiros. De igual modo se explicam as extraordinárias iniciativas de promoção humana e de formação cristã, destinadas, primariamente, aos mais pobres, de que se ocuparam, primeiro, as ordens monásticas e mendicantes e, depois, os vários institutos religiosos masculinos e femininos ao longo de toda a história da Igreja. Figuras de santos, como Francisco de Assis, Inácio de Loyola, João de Deus, Camilo de Lellis, Vicente de Paulo, Luísa de Marillac, José B. Cottolengo, João Bosco, Luís Orione, Teresa de Calcutá — para citar apenas alguns nomes — permanecem modelos insignes de caridade social para todos os seres humanos de boa vontade. Os santos são os verdadeiros portadores de luz dentro da história, porque são homens e mulheres de fé, esperança e caridade.

41. Entre os santos, sobressai Maria, Mãe do Senhor e espelho de toda a santidade. No evangelho de Lucas, encontramo-la empenhada num serviço de caridade à prima Isabel, junto da qual permanece "cerca de três meses" (1,56), assistindo-a na última fase da gravidez. "Magnificat anima mea Dominum – A minha alma engrandece o Senhor" (Lc 1,46), disse ela por ocasião de tal visita, exprimindo, assim, todo o programa da sua vida: não colocar-se a si mesma ao centro, mas

dar espaço ao Deus que encontra tanto na oração como no serviço ao próximo — só então o mundo se torna bom. Maria é grande, precisamente porque não quer fazer-se grande a si mesma, mas engrandecer a Deus. Ela é humilde: não deseja ser mais nada senão a serva do Senhor (cf. Lc 1,38.48). Sabe que contribui para a salvação do mundo, não realizando uma sua obra, mas apenas colocando-se totalmente à disposição das iniciativas de Deus. É uma mulher de esperança: só porque crê nas promessas de Deus e espera a salvação de Israel é que o anjo pode vir ter com ela e chamá-la para o serviço decisivo de tais promessas. É uma mulher de fé: "Feliz de ti, que acreditaste", diz-lhe Isabel (cf. Lc 1,45). O *Magnificat* — um retrato, por assim dizer, da sua alma — é inteiramente tecido com fios da Sagrada Escritura, com fios tirados da Palavra de Deus. Dessa maneira se manifesta que ela se sente verdadeiramente em casa na Palavra de Deus, dela sai e a ela volta com naturalidade. Fala e pensa com a Palavra de Deus, que se torna palavra dela, e a sua palavra nasce da Palavra de Deus. Além disso, fica, assim, patente que os seus pensamentos estão em sintonia com os de Deus, que o dela é um querer juntamente com Deus. Vivendo intimamente permeada pela Palavra de Deus, ela pôde tornar-se mãe da palavra encarnada. Enfim, Maria é uma mulher que ama. E como poderia ser de outro modo? Enquanto crente que na fé pensa com os pensamentos de Deus e quer com a vontade de Deus, ela não pode ser senão uma mulher que ama. Isso mesmo o intuímos nós nos gestos silenciosos que nos referem os relatos evangélicos da infância. Vemo-lo na delicadeza com que, em Caná, se dá conta da necessidade em que se acham os noivos e apresenta-a a Jesus. Vemo-lo na humildade com que ela aceita ser transcurada no período da vida pública de Jesus, sabendo que o Filho deve fundar uma nova família e que a hora da Mãe chegará apenas no momento da cruz, que será a verdadeira hora de Jesus (cf. Jo 2,4; 13,1). Então, quando os discípulos tiverem fugido, Maria permanecerá junto da cruz (cf. Jo 19,25-27); mais tarde, na hora de Pentecostes, serão eles a juntar-se ao redor dela à espera do Espírito Santo (cf. At 1,14).

42. À vida dos santos não pertence somente a sua biografia terrena, mas também o seu viver e agir em Deus depois da morte. Nos santos, torna-se óbvio como quem caminha para Deus não se afasta dos seres humanos, antes, ao contrário, torna-se-lhes verdadeiramente vizinho. Em ninguém vemos melhor isso do que em Maria. A palavra do Crucificado ao discípulo — a João e, por ele, a todos os discípulos de Jesus: "Eis aí a tua mãe" (Jo 19,27) — torna-se, sempre de novo, verdadeira no decurso das gerações. Maria tornou-se, realmente, Mãe de todos os crentes. À sua bondade materna, e bem assim à sua pureza e beleza virginal, recorrem os seres humanos de todos os tempos e lugares

do mundo nas suas necessidades e esperanças, nas suas alegrias e sofrimentos, nos seus momentos de solidão, mas também na partilha comunitária; e sempre experimentam o benefício da sua bondade, o amor inexaurível que ela exala do fundo do seu coração. Os testemunhos de gratidão, tributados a ela em todos os continentes e culturas, são o reconhecimento daquele amor puro que não se busca a si próprio, mas quer, simplesmente, o bem. A devoção dos fiéis mostra, ao mesmo tempo, a infalível intuição de como um tal amor é possível: é-o graças à mais íntima união com Deus, em virtude da qual se fica totalmente permeado por ele — condição que permite, a quem bebeu na fonte do amor de Deus, tornar-se ele próprio uma fonte "da qual jorram rios de água viva" (Jo 7,38). Maria, Virgem e Mãe, mostra-nos o que é o amor e de onde este tem a sua origem e recebe incessantemente a sua força. A ela confiamos a Igreja, a sua missão ao serviço do amor:

Santa Maria, Mãe de Deus,

Vós destes ao mundo a luz verdadeira,

Jesus, vosso Filho — Filho de Deus.

Entregastes-vos completamente

ao chamamento de Deus

e assim vos tornastes fonte

da bondade que brota dele.

Mostrai-nos Jesus.

Guiai-nos para ele.

Ensinai-nos a conhecê-lo e a amá-lo,
para podermos também nós
tornar-nos capazes de verdadeiro amor
e de ser fontes de água viva
no meio de um mundo sequioso.

Dado em Roma, junto de São Pedro, no dia 25 de dezembro — solenidade do Natal do Senhor — de 2005, primeiro ano de pontificado.

BENTO XVI

SUMÁRIO

Introdução [1] 3

I PARTE
A unidade do amor na criação e na
história da salvação

Um problema de linguagem [2] 7

Eros e *agape* – Diferença e unidade [3-8] 8

A novidade da fé bíblica [9-11] 19

Jesus Cristo – O amor encarnado de Deus [12-15] 25

Amor a Deus e amor ao próximo [16-18] 29

II PARTE
Caritas – A prática do amor pela Igreja
enquanto "comunidade de amor"

A caridade da Igreja como manifestação do amor
trinitário [19] 35

A caridade como dever da Igreja [20-25] 36

Justiça e caridade [26-29] 43

As múltiplas estruturas de serviço caritativo no
atual contexto social [30] 53

O perfil específico da atividade caritativa
da Igreja [31] 57

Os responsáveis pela ação caritativa
da Igreja [32-39] 62

Conclusão [40-42] 71

COLEÇÃO A VOZ DO PAPA

01 - *Quanta cura* - Carta Encíclica sobre os principais erros da época - Pio IX
02 - *Arcanum Divinae Sapientiae* - Carta Encíclica sobre o matrimônio cristão - Leão XIII
03 - *Immortale Dei* - Carta Encíclica sobre a Constituição dos Estados - Leão XIII
04 - *Libertas*: sobre a liberdade humana - Leão XIII
05 - *Sapientiae Christianae*: sobre os principais deveres dos cidadãos cristãos - Leão XIII
06 - *Rerum Novarum* - Carta Encíclica sobre a condição dos operários - Leão XIII
07 - *Graves de Communi Re* - Carta Encíclica sobre a ação popular cristã - Leão XIII
08 - *Pascendi Dominici Gregis* - Carta Encíclica sobre as doutrinas modernistas - Pio X
09 - *Ubi Arcano Dei* - Carta Encíclica sobre a paz de Cristo no reino de Cristo - Pio XI
10 - *Divini Illius Magistri* - Carta Encíclica sobre a educação cristã da juventude - Pio XI
11 - *Casti Connubii* - Carta Encíclica sobre o matrimônio cristão - Pio XI
12 - *Vigilante Cura* - Carta Encíclica sobre o cinema - Pio XI
13 - *Divini Redemptoris* - Carta Encíclica sobre o comunismo ateu - Pio XI
14 - *Quadragesimo Anno* - Carta Encíclica sobre a restauração e aperfeiçoamento da ordem social em conformidade com a Lei Evangélica - Pio XI
15 - *Divino Afflante Spiritu* - Carta Encíclica sobre o modo mais oportuno de promover os estudos da Sagrada Escritura - Pio XII
16 - *Fulgens Corona* - Carta Encíclica sobre a Imaculada Conceição - Pio XII
17 - *Mediator Dei*: sobre a Liturgia - Pio XII
18 - *Miranda Prorsus* - Carta Encíclica sobre cinematografia, rádio e televisão - Pio XII
19 - *Mystici Corporis Christi* - Carta Encíclica sobre o corpo místico de Jesus Cristo e a nossa união nele com Cristo - Pio XII
20 - *Provida Mater Ecclesia*: sobre os Institutos Seculares - Pio XII
21 - *Sacra Virginitas* - Carta Encíclica sobre a sagrada virgindade - Pio XII
22 - *Sponsa Christi*: para as religiosas de clausura - Pio XII

23 - Carta de Sua Santidade João XIII às religiosas - João XIII
24 - *Mater et Magistra* - Carta Encíclica sobre a evolução da questão social à luz da doutrina cristã - João XXIII
25 - Carta Encíclica *Pacem in Terris* - João XXIII
26 - *Sacrosanctum Concilium* - Constituição sobre a Sagrada Liturgia - Concílio Vaticano II
27 - *Inter Mirifica* - Decreto sobre os meios de comunicação social - Concílio Vaticano II
28 - Carta Encíclica *Ecclesiam suam* sobre os caminhos da Igreja - Paulo VI
29 - Instrução da Sagrada Congregação dos Ritos para executar retamente a Constituição Conciliar da Sagrada Liturgia - Concílio Vaticano II
30 - *Mense Maio* - Epístola Encíclica por ocasião do mês de maio - Paulo VI
31 - *Lumen Gentium* "De Ecclesia" - Constituição Dogmática sobre a Igreja - Concílio Vaticano II
32 - *Mysterium Fidei*: sobre o culto da sagrada eucaristia - Paulo VI
33 - *Perfectae Caritatis* - Decreto sobre a renovação da vida religiosa - Concílio Vaticano II
34 - *Gravissimum Educationis* - Declaração sobre a educação da juventude - Concílio Vaticano II
35 - *Optatam Totius* - Decreto sobre a formação sacerdotal - Concílio Vaticano II
36 - *Apostolicam Actuositatem* - Decreto sobre o apostolado dos leigos - Concílio Vaticano II
37 - *Dei Verbum* - Constituição Dogmática sobre a Revelação Divina - Concílio Vaticano II
38 - *Christus Dominus* - Decreto sobre o múnus pastoral dos Bispos - Concílio Vaticano II
39 - *Presbyterorum Ordinis* - Decreto sobre o ministério e a vida dos sacerdotes - Concílio Vaticano II
40 - Alocução à Assembléia Geral da Organização das Nações Unidas - Paulo VI
41 - *Gaudium et Spes* - Constituição Pastoral sobre a Igreja no mundo de hoje - Concílio Vaticano II
42 - *Ad Gentes* - Decreto sobre a atividade missionária da Igreja - Concílio Vaticano II
43 - *Nostra Aetate* - Declaração sobre a Igreja e as religiões não-cristãs - Concílio Vaticano II

44 - *Unitatis Redintegratio* - Decreto sobre o Ecumenismo - Concílio Vaticano II
45 - *Orientalium Ecclesiarum* - Decreto sobre as Igrejas Orientais Católicas - Concílio Vaticano II
46 - *Dignitatis Humanae* - Declaração sobre a liberdade religiosa - Concílio Vaticano II
47 - *Christi Matri Rosarii* - Carta Encíclica para a verdadeira e duradoura paz - Paulo VI
48 - *Indulgentiarum Doctrina* - Constituição Apostólica sobre as indulgências - Paulo VI
49 - *Populorum Progressio* - Carta Encíclica sobre o desenvolvimento dos povos - Paulo VI
50 - Segunda instrução para a exata aplicação da Constituição Litúrgica - Sagrada Congregação dos Ritos
51 - Discursos por ocasião de sua peregrinação a Fátima - Paulo VI
52 - *Sacerdotalis Caelibatus* - Celibato sacerdotal - Paulo VI
53 - Instrução sobre o culto do mistério eucarístico - Sagrada Congregação dos Ritos
54 - Carta Apostólica sobre a restauração do Diaconato Permanente da Igreja Latina - Paulo VI
55 - A Reforma Litúrgica, resultados e perspectivas - Circular do Cardeal Giácomo Lercaro, Presidente do "Consilium" para a aplicação da Constituição sobre a Sagrada Liturgia - Cardeal Giácomo Lercaro
56 - Carta Apostólica *Ecclesiae sanctae* - Sua Santidade o papa Paulo VI estabelece normas para a execução de alguns decretos do Concílio Vaticano II - Paulo VI
59 - Mensagem aos sacerdotes ao terminarem o ano da fé - Paulo VI
60 - Carta Encíclica *Humanae Vitae* sobre a regulação da natalidade - Paulo VI
61 - Paulo VI no Congresso Eucarístico Internacional de Bogotá - Discursos e alocuções - Paulo VI
62 - Instrução sobre o adequado renovamento da formação para a vida religiosa - Sagrada Congregação para os Religiosos e Institutos Seculares
63 - *Matrimonia Mixta* - Carta Apostólica sobre os Matrimônios Mistos - Paulo VI
64 - *Apostolicae Caritatis* - Carta Apostólica sobre a Pastoral das Migrações e do Turismo - Paulo VI
65 - Atividade Missionária - Mensagem para o Dia das Missões - Paulo VI
66 - *Sacramentali Communione* - Instrução da Sagrada Congregação para o Culto Divino

67 - Nova instrução sobre a liturgia - Terceira Instrução para a aplicação da Constituição Conciliar sobre a Liturgia
68 - *Octogesima Adveniens* - Carta Apostólica por ocasião do 80º aniversário da Encíclica *Rerum Novarum* - Paulo VI
69 - *Communio et Progressio* - Instrução Pastoral sobre os meios de comunicação social - Comissão Pontifícia dos Meios de Comunicação Social
70 - *Causas Matrimoniales* - Moto-Próprio em que se estabelecem algumas normas para uma mais rápida resolução dos processos matrimoniais - Paulo VI
71 - Exortação Apostólica sobre a renovação da vida religiosa segundo os ensinamentos do concílio - Paulo VI
72 - Carta Apostólica de Sua Santidade o papa Paulo VI
73 - *Laudes Canticum* - Constituição Apostólica sobre o ofício divino - Paulo VI
74 - Diretório catequético geral - Sagrada Congregação para o Clero
75 - *De Sacramento Confirmationis* - Constituição Apostólica - Paulo VI
76 - O sacerdócio ministerial - Sínodo dos Bispos
77 - A justiça no mundo - Sínodo dos Bispos
78 - Unidade e pluralismo na Igreja - Conferência Nacional dos Bispos do Brasil
79 - Ordens menores: subdiaconado, diaconado - Carta Apostólica - Paulo VI
80 - *Sacram Unctionem Infirmorum* - Unção dos enfermos - Constituição Apostólica - Paulo VI
81 - *Immensae Caritatis*
82 - Ministério da Igreja - Declaração acerca da Doutrina Católica sobre a Igreja para a defender de alguns erros hodiernos - Sagrada Congregação para a Doutrina da Fé
83 - *Marialis Cultus* - Exortação Apostólica sobre o culto à bem-aventurada Virgem Maria - Paulo VI
84 - *Gaudete in Domino* - A alegria cristã - Exortação Apostólica - Paulo VI
85 - *Evangelii Nuntiandi* - Exortação Apostólica sobre a evangelização no mundo contemporâneo - Paulo VI
86 - Declaração sobre alguns pontos da ética sexual - Sagrada Congregação para a Doutrina da Fé
87 - A catequese no nosso tempo especialmente para as crianças e os jovens - Mensagem ao povo de Deus - Sínodo dos Bispos

88 - Relação entre bispos e religiosos na Igreja - Sagradas Congregações para os Bispos e para os Religiosos e os Institutos Seculares
89 - João Paulo II em Puebla - Pronunciamentos do Papa na América Latina - João Paulo II
90 - *Redemptor Hominis* - Carta Encíclica O Redentor do Homem - João Paulo II
91 - Carta de João Paulo II aos sacerdotes - João Paulo II
92 - Sabedoria Cristã: Constituição Apostólica sobre as Universidades e as Faculdades Eclesiásticas - João Paulo II
93 - *Catechesi Tradendae* - Exortação Apostólica A Catequese Hoje - João Paulo II
94 - Ministério e culto à Santíssima Eucaristia
95 - Instrução sobre a formação litúrgica nos seminários - Sagrada Congregação para a Educação Católica
96 - *Dives in Misericordia* - Carta Encíclica sobre a misericórdia divina - João Paulo II
97 - Instrução sobre o batismo das crianças - Sagrada Congregação para a Doutrina da Fé
99 - *Laborem exercens* - Carta Encíclica sobre o trabalho humano no 90º aniversário da *Rerum Novarum* - João Paulo II
100 - *Familiaris Consortio* - Exortação Apostólica sobre a missão da família cristã no mundo de hoje - João Paulo II
101 - Pastoral vocacional - documento conclusivo
102 - *Aperite Portas Redemptori* - Abri as portas ao Redentor - Bula de proclamação do Jubileu pelo 1950º aniversário da Redenção - João Paulo II
103 - A Doutrina da Igreja sobre a vida religiosa
104 - *Salvifici Doloris* - Carta Apostólica sobre o sentido cristão do sofrimento humano - João Paulo II
105 - Instrução sobre alguns aspectos da "Teologia da Libertação" - Sagrada Congregação para a Doutrina da Fé
106 - *Reconciliatio et Paenitentia* - Exortação Apostólica Pós-Sinodal Reconciliação e Penitência - João Paulo II
107 - Aos jovens e às jovens do mundo - Carta Apostólica por ocasião do Ano Internacional da Juventude - João Paulo II
108 - *Slavorum Apostoli* - Carta Encíclica - João Paulo II

109 - Sínodo extraordinário dos Bispos - Assembléia Geral Extraordinária do Sínodo dos Bispos - 1985 - Sínodo dos Bispos
110 - Instrução sobre a liberdade cristã e a libertação - Congregação para a Doutrina da Fé
111 - Mensagem aos bispos do Brasil - João Paulo II
112 - *Dominum et Vivificantem* - Carta Encíclica sobre o Espírito Santo na vida da Igreja e do mundo - João Paulo II
113 - Orientações para a formação dos futuros sacerdotes acerca dos instrumentos da Comunicação Social - Congregação para a Educação Católica
114 - A serviço da comunidade humana: uma consideração ética da dívida internacional - Pontifícia Comissão "Justitia et Pax"
115 - Instrução sobre o respeito à vida humana nascente e a dignidade da procriação - Congregação para a Doutrina da Fé
116 - *Redemptoris Mater* - Carta Encíclica sobre a mãe do Redentor - João Paulo II
117 - *Solicitudo Rei Socialis* - Carta Encíclica Solicitude Social pelo 20º aniversário da Encíclica *Populorum Progressio* - João Paulo II
118 - *Mulieres Dignitatem* - Carta Apostólica A dignidade e a vocação da mulher - João Paulo II
119 - *Christifidelis Laici* - Exortação Apostólica sobre a Vocação e Missão dos Leigos na Igreja e no Mundo - João Paulo II
120 - Pornografia e violência nas Comunicações Sociais: uma resposta pastoral - Pontifício Conselho para as Comunicações Sociais
121 - Orientações sobre a formação nos Institutos Religiosos
122 - Instrução sobre a vocação eclesial do teólogo - Congregação para a Doutrina da Fé
123 - Carta Apostólica aos religiosos e às religiosas da América Latina - João Paulo II
124 - Universidades Católicas - Constituição Apostólica - João Paulo II
125 - *Redemptoris Missio* - Carta Encíclica sobre a validade permanente do mandato missionário - João Paulo II
126 - *Centesimus Annus* - Carta Encíclica no centenário da *Rerum Novarum* - João Paulo II
127 - *Aetatis Novae* no 20º aniversário da *Communio et Progressio*: uma revolução nas comunicações - Instrução Pastoral - Pontifício Conselho para as Comunicações Sociais

128 - *Pastores Dabo Vobis* - Exortação Apostólica Pós-Sinodal sobre a formação dos sacerdotes - João Paulo II
129 - A vida consagrada e a sua missão na Igreja e no mundo: *Lineamenta* - IX Assembéia Geral Ordinária - Sínodo dos Bispos
130 - *Veritatis Splendor* - Carta Encíclica O Esplendor da Verdade - João Paulo II
131 - Carta às famílias - João Paulo II
132 - Diretório para a aplicação dos princípios e normas sobre o ecumenismo - Conselho Pontifício para a Promoção da Unidade dos Cristãos
133 - A Liturgia Romana e a Inculturação - IV Instrução para uma correta aplicação da Constituição Conciliar sobre a Liturgia - Congregação para o Culto Divino
134 - A Interpretação da Bíblia na Igreja - Pontifícia Comissão Bíblica
135 - *Congregavit nos in unum Christi amor* - A Vida Fraterna em Comunidade - Congregação para os Institutos de Vida Consagrada e as Sociedades de Vida Apostólica
136 - A vida consagrada e a sua missão na Igreja e no mundo - Sínodo dos Bispos
137 - *Tertio Millennio Adveniente* - Carta Apostólica sobre a preparação para o ano 2000 - João Paulo II
138 - Carta do Papa às crianças no Ano da Família - João Paulo II
139 - *Evangelium Vitae* - Carta Encíclica de João Paulo II sobre o valor e a inviolabilidade da vida humana - João Paulo II
140 - Carta do Santo Padre João Paulo II aos sacerdotes por ocasião da Quinta-feira Santa de 1995 - João Paulo II
141 - *Orientale Lumen* - Carta Apostólica no centenário da *Orientalium Dignitas* do Papa Leão XIII - João Paulo II
142 - *Ut unum sint* - Carta Encíclica sobre o empenho ecumênico - João Paulo II
143 - Mensagem do Santo Padre João Paulo II por ocasião do 50º aniversário do fim da 2ª Guerra Mundial na Europa - João Paulo II
144 - Carta do Papa João Paulo II às mulheres - João Paulo II
145 - *Ecclesia in Africa* - Exortação Apostólica Pós-Sinodal sobre a Igreja na África e a sua missão evangelizadora rumo ao ano 2000 - João Paulo II
146 - Mensagem de Sua Santidade João Paulo II para a celebração do Dia Mundial da Paz (1º de janeiro 1996) - João Paulo II
147 - *Vita Consecrata* - Exortação Apostólica Pós-Sinodal sobre a vida consagrada e a sua missão na Igreja e no mundo - João Paulo II

148 - Sexualidade humana: verdade e significado - Orientações educativas em família - Conselho Pontifício para a Família
149 - Diálogo e Anúncio - Pontifício Conselho para o Diálogo Inter-religioso
150 - Preparação para o sacramento do matrimônio - Conselho Pontifício para a Família
151 - Encontro com Jesus Cristo vivo, caminho para a conversão, a comunhão e a solidariedade na América - *Lineamenta* - Assembléia Especial para a América
152 - A fome no mundo - Um desafio para todos: o desenvolvimento solidário - Pontifício Conselho "Cor Unum"
153 - Ética da Publicidade - Pontifício Conselho para as Comunicações Sociais
154 - Instrução acerca de algumas questões sobre a colaboração dos fiéis leigos no sagrado ministério dos sacerdotes - VV.AA.
155 - Para uma melhor distribuição da terra: o desafio da reforma agrária - Pontifício Conselho "Justiça e Paz"
156 - A dimensão ecumênica na formação dos que trabalham no ministério pastoral - Conselho Pontifício para a Promoção da Unidade dos Cristãos
157 - Normas fundamentais para a formação dos diáconos permanentes - Diretório do Ministério e da Vida dos Diáconos Permanentes - Congregação para a Educação Católica e Congregação para o Clero
158 - *Dies Domini* - Carta Apostólica ao episcopado, ao clero e aos fiéis da Igreja Católica sobre a santificação do domingo - João Paulo II
159 - *Ad Tuendam Fidem* - Para defender a fé - Carta Apostólica sob forma de "Motu Proprio"- João Paulo II
160 - *Fides et Ratio* - Carta Encíclica aos bispos da Igreja Católica sobre as relações entre fé e razão - João Paulo II
161 - *Incarnationis Mysterium* - O Mistério da Encarnação - Bula Pontifícia a todos os fiéis que caminham para o Terceiro Milênio - João Paulo II
162 - Diálogo Católico-Pentecostal: evangelização, proselitismo e testemunho comum - Pontifício Conselho para a Promoção da Unidade dos Cristãos
163 - *Ecclesia in América* - Exortação Apostólica Pós-Sinodal A Igreja na América aos bispos, aos presbíteros e aos diáconos, aos consagrados e às consagradas e a todos os fiéis leigos sobre o encontro com Jesus Cristo vivo, caminho para a conversão, a comunhão e a solidariedade na América - João Paulo II

164 - *Cooperatio Missionalis* - Cooperação Missionária - Instrução da Congregação para a Evangelização dos Povos
165 - A dignidade do ancião e a sua missão na Igreja e no mundo - Conselho Pontifício para os Leigos
166 - A colaboração interinstitutos para a formação - Congregação para os Institutos de Vida Consagrada e as Sociedades de Vida Apostólica
167 - Carta de João Paulo II aos artistas - João Paulo II
168 - O dom da autoridade (Autoridade na Igreja III) - Comissão Internacional Anglicana-Católica Romana
169 - Para uma pastoral da cultura - Conselho Pontifício da Cultura
170 - O Santuário: memória, presença e profecia do Deus vivo - Pontifício Conselho para a Pastoral dos Migrantes e Itinerantes
171 - Carta sobre a peregrinação aos lugares relacionados com a história da salvação - João Paulo II
172 - *Verbi Sponsa* - Instrução sobre a vida contemplativa e a clausura das monjas - Congregação para os Institutos de Vida Consagrada e Sociedades de Vida Apostólica
173 - O Presbítero: mestre da palavra, ministro dos sacramentos e guia da comunidade, em vista do Terceiro Milênio - Congregação para o Clero
174 - Carta aos anciãos - João Paulo II
175 - Carta aos sacerdotes por ocasião da Quinta-feira Santa de 2000 - João Paulo II
176 - Ética nas Comunicações Sociais - Pontifício Conselho para as Comunicações Sociais
177 - Mensagem para o jubileu nos cárceres - João Paulo II
178 - Mensagem por ocasião da XV Jornada Mundial da Juventude - João Paulo II
179 - Mensagem para o Dia Missionário Mundial de 2000 - João Paulo II
180 - *Novo Millennio Ineunte* - Carta Apostólica no início do novo milênio - João Paulo II
181 - Mensagem para a Celebração do Dia Mundial da Paz - 1º de janeiro de 2002 - João Paulo II
182 - *Misericordia Dei* - Carta Apostólica A Misericórdia de Deus sob forma de "Motu Proprio" sobre alguns aspectos da celebração do sacramento da penitência - João Paulo II

183 - *Rosarium Virginis Mariae* - Carta apostólica sobre o rosário da Virgem Maria - João Paulo II
184 - Mensagem para o 40º Dia Mundial de Oração pelas Vocações - João Paulo II
185 - *Ecclesia de Eucharistia* - Carta Encíclica sobre a Eucaristia na sua relação com a Igreja - João Paulo II
186 - *Pastores Gregis* - Exortação Apostólica pós-sinodal sobre o Bispo, servidor do Evangelho de Jesus Cristo para a esperança do mundo - João Paulo II
187 - *Mane Nobiscum Domine* - Carta Apostólica para o Ano da Eucaristia - João Paulo II
188 - O rápido desenvolvimento - Carta Apostólica aos responsáveis pelas comunicações sociais - João Paulo II
189 - *Deus Caritas Est* - Carta Encíclica sobre o amor cristão - Bento XVI
190 - Exortação apostólica pós-sinodal *Sacramentum Caritatis* sobre a Eucaristia, fonte e ápice da vida e da missão da Igreja
191 - Carta Apostólica de Bento XVI sob a forma de motu próprio *Summorum Pontificum*
192 - Carta encíclica Spe Salvi sobre a esperança cristã
193 – Carta encíclica *Caritas in veritate*
194 – Exortação apostólica pós-sinodal *Verbum Domini* do santo padre Bento XVI ao episcopado, ao clero, às pessoas consagradas e aos fiéis leigos sobre a Palavra de Deus na vida e na missão da Igreja
195 – Carta apostólica sob forma de Motu Proprio *Porta fidei* pela qual se proclama o Ano da fé
196 – Exortação apostólica pós-sinodal *Africae Munus* do Santo padre Bento XVI ao espiscopado, ao clero, às pessoas consagradas e aos fiéis leigos sobre a Igreja na África ao serviço da reconciliação da justiça e da paz
197 – Carta Encíclica *Lumen Fidei* do Sumo Pontífice Francisco aos Bispos, aos presbíteros, aos diáconos, às pessoas consagradas e a todos os fiéis leigos sobre a fé
198 – Exortação apostólica *Evangelii Gaudium* sobre o anúncio do Evangelho no mundo atual
199 – Carta apostólica do Santo Padre Francisco a todos os consagrados em ocasião do ano da vida consagrada
200 – *Misericordiae Vultus:* O Rosto da Misericórdia – Bula de proclamação do Jubileu Extraordinário da Misericórdia

201 – Carta encíclica *Laudato Si'* sobre o cuidado da casa comum
202 – Exortação apostólica pós-sinodal *Amoris Laetitia* sobre o amor na família
203 – Constituição Apostólica do Papa Francisco *Vultum Dei Quaerere* sobre a vida contemplativa feminina
204 – Carta apostólica *Misericordia et Misera* no término do Jubileu extraordinário da Misericórdia
205 – Constituição apostólica *Veritatis Gaudium* sobre as universidades e as faculdades eclesiásticas